Estrellas peregrinas
Cuentos de magia y poder

Estrellas peregrinas
Cuentos de magia y poder

Victor Villaseñor
Traducido al español por Alfonso González

PIÑATA BOOKS
ARTE PÚBLICO PRESS
HOUSTON, TEXAS

Este libro está subvencionado en parte por una beca del Fondo Nacional para las Artes, que cree que una gran nación merece gran arte, por becas de la Ciudad de Houston a través del Cultural Arts Council of Houston/Harris County y por el Exemplar Program, un programa de Americans for the Arts en colaboración con el LarsonAllen Public Services Group, fundado por la Fundación Ford.

¡Piñata Books está lleno de sorpresas!

Piñata Books
A Division of Arte Público Press
University of Houston
452 Cullen Performance Hall
Houston, Texas 77204-2004

Diseño de la portada por Johnny Guzman
Arte de la portada de Pauline Rodriguez Howard

Villaseñor, Victor
 [Walking Stars. Spanish]
  Estrellas peregrinas : cuentos de magia y poder / Victor Villaseñor ; traducido por Alfonso González.
     p.   cm.
  ISBN-10: 1-55885-462-2 (alk. paper)
  ISBN-13: 978-1-55885-462-8
  1. Villaseñor, Victor—Childhood and youth. 2. Novelists. American—20th century—Biography. 3. Children of immigrants—California—Biography. 4. Mexican American families—California—5. California—Social life and customs. 6. Mexican American authors—Biography. 7. Mexican Americans—Caifornia. I. Title.
PS3572.I384Z47518 2005
813'.54—dc20   2005046492
                                                               CIP

5 6 7 8 9 0 1 2 3 4   10 9 8 7 6 5 4 3 2 1

Este libro está dedicado a Michael y Beth King, quienes pasaron al otro lado de la vida a la tierna edad de 12 y 10 años. Gracias Michael, gracias Beth por enseñar a sus padres y a todos nosotros que la vida es continua y hermosa.

Dos días después de la muerte de Beth y Michael, ocurrida en un accidente en la autopista en 1993, su pequeña prima Nicole los vio en el patio de atrás, llevaban vestimenta dorada y bajaban juntos en una resbaladilla. Desde ese día muchos de los amiguitos de Michael y Beth también los han visto.

La densidad de nuestra conciencia terrestre es cada día más leve, y pronto todos podremos ser como los niños una vez más.

Gracias.
Víctor Villaseñor

Índice

Prefacio ix

Primera Parte: Mi despertar al poder y a la magia
El humano más inteligente que he conocido:
    Shep, el perro de mi hermano 3
Midnight Duke 10
Estrellas peregrinas 15

Segunda Parte: Cuentos de mi madre
El primer día de clases 38
El mayor poder de la mujer 53
En la horca 68

Tercera Parte: Cuentos de mi padre
El mejor regalo de Navidad 84
La muerte de un asesino 130
Toreando el tren 155

Prefacio

Tengo dos muchachos en la secundaria y desde que eran niños les he dicho que hay una manera de vivir la vida, con poder y magia, una manera de triunfar sobre todas las fuerzas superiores y vicisitudes y de vivir la vida como un ser superior, como un superser, exactamente igual a súperhombre o súpermujer. Y esto no es un cuento, sino la verdad de todo ser viviente, si solamente abrimos los ojos para ver la vida con todo su verdadero esplendor y grandeza.

Y por esto les cuento a mis hijos historias, historias verdaderas acerca de mi vida y la de sus abuelos y la de sus bisabuelos, historias que les dan alas al entendimiento y pies poderosos plantados en la Madre Tierra para que no vivan sus vidas solos, sino con el aliento cercano de sus antecesores. Y les digo que estas historias les darán fuerza y bienestar, aun en las horas más oscuras de la vida en este pavoroso mundo moderno en el que la gente teme envejecer, quedarse sola, o simplemente buscar y tocar a su prójimo.

¿Saben? Yo les digo a mis muchachos y a sus primos y amigos que la vida está llena de magia, de verdadera magia, no de la magia de trucos y juegos como sacar conejos de sombreros de copa, sino de la verdadera magia que nos da poder y fuerza para sobrellevar la vida cotidiana y triunfar en ella.

Y ustedes me pueden ignorar si quieren, y decir

que eso es para los viejos y para épocas de antes y no para el "ahora" de los tiempos modernos, pero yo les digo directamente, "cuentos, cuentos, cuentos". Porque ésta es la magia de siempre, ¡y es buena para toda época! ¡Es buena para los próximos 25,000 años o para los mismos en el pasado! Si tienes ojos para ver y oídos para escuchar, sabrás que vivir la vida sin la magia del alma que te ha dado Dios es vivir la vida como pez fuera del agua, como águila sin cielo, como antílope sin una pradera abierta o un corazón sin amor. Pues el alma es para la magia lo que el águila es al cielo y el pez al agua y el antílope a la gran pradera abiertaæ¡nuestra alma es audaz y está llena de felicidad y ésta hace la vida una gran aventura gloriosa y mágica accesible a todos!

Por esto mis hijos me preguntan de dónde saco todo este conocimiento tan especial. Les digo que todo empezó cuando nací en el barrio de Carlsbad, California donde todo el mundo hablaba español y mi mamá me acostaba por la noche y me llamaba su angelito, y me decía que cuando me dormía, subía al cielo y descansaba con Papito Dios para regresar al día siguiente, descansado y sintiéndome bien.

En aquella época, cuando era niño y aún no había empezado la escuela, pensaba que Dios era una figura paternal, regordeta y pequeña, que era amigable y feliz y comía frijoles y tortillas y se echaba su tequila de vez en cuando, y que le encantaba reírse y divertirse. Antes de empezar la escuela nunca se me ocurrió que Dios era alto y fuerte y autoritario y que te mandaría al infierno si te portabas mal.

Han de saber que para mí la escuela fue una experiencia pavorosa. Apenas si hablaba inglés y el primer día de clases la maestra nos gritó a los niños mexicanos, "¡Aquí no se habla español!" y nos castigaba si nos oía decir una palabra en español, y nos pegaba en la cabeza si lo seguíamos haciendo. Y muy pronto me despojaron de la magia que había conocido en mi vida preescolar. Me ridiculizaban si decía que el sol era el ojo derecho de Dios como me habían dicho en casa. Si decía cualquier cosa de México o de mi cultura indígena, se reían de mí. Ya de adulto me doy cuenta que probablemente la maestra no era tan "mala" y que sólo estaba tratando de encarrilarnos a ser parte de la mayoría de los Estados Unidos para que prosperáramos y tuviéramos una vida más fácil. Pero en aquella época cuando era niño no pensaba así. No, pensaba que se nos había declarado la guerra, como si las guerras entre España e Inglaterra para dominar al mundo aún estuvieran vigentes allí mismo en nuestro salón de clase y que la maestra se había decidido demostrar que todo lo inglés era superior y que todo lo español e indio era inferior y maligno e incorrecto.

Y no quiero que ustedes piensen que el recordar ahora como adulto, estoy culpando a los maestros que nos golpearon y nos avergonzaron y trataron con tanta vehemencia que nos sintiéramos avergonzados de nuestros padres y de nuestra cultura indígena y española. No, esos maestros son los que me hicieron explotar con tanta rabia y rencor, tanto fuego contra la injusticia dentro de mi alma dada por Dios, que nada podía detenerme. Y decidí hacerme escritor. Tenía tal convicción y necesidad de escribir que pude escribir por diez años y recibir 265 rechazos, pero nunca me di por vencido hasta que me publicaron.

Así que como ven, me gustaría que entendieran en realidad que no soy tan inteligente ni grande, y no me hice escritor por haber sido buen estudiante y sacado dieces en la escuela. No, me hice escritor por tener tanta confusión y angustia dentro de mí que tenía ganas de matar con una venganza infernal.

Siempre tengan cuidado a quién menosprecian o a quién critican, porque les puedo asegurar que ellos se harán fuertes y regresarán para perseguirlos con el poder de diez mil ángeles, y los pasarán volando en busca de sus sueños. Éste es el poder de los judíos —mi esposa y mis hijos son judíos, así, que ahora, yo también lo soy, por osmosis. Los judíos han sido golpeados y perseguidos en todo el mundo, y por eso se han vuelto fuertes y hábiles. Éste es el poder de los negros aquí en nuestro país; fueron golpeados y perseguidos tanto que se han levantado y han llegado a ser unos de nuestros ciudadanos más inteligentes y unos de nuestros artistas y atletas más laureados. Éste es el poder de cualquier gente que es menospreciada: amarilla, roja, negra, blanca o cobriza. Se levantarán mil veces más poderosos, como yerbas que rompen el asfalto. Nada puede detener el espíritu humano, especialmente cuando está consciente de su propio poder.

Entonces les digo a mis hijos —estos no son cuentos idealizados, historietas de magia y fantasía, sino historias de dolor en las entrañas y desencanto, de confusión y rencor hacia uno mismo y duda, y, finalmente, son historias con ese real y gran poder de la vida que está allí, dentro de cada uno de nosotros, esperando hacer erupción para ayudarnos a superar todas las vicisitudes.

Estos son entonces cuentos para todos, hombres, mujeres, muchachos y muchachas que han sufrido o que han padecido injusticias, que se han sentido solos e incomprendidos o que han sido maltratados por la sociedad al punto que la vida les parece aterradora y sin sentido. Estos son relatos verdaderos de la vida y gente real; no son historias inventadas, falsas, de héroes cinematográficos con grandes músculos que siempre tienen la respuesta a cualquier pregunta, sino relatos de gente como ustedes y yo: gente común y corriente que no sabe exactamente a dónde va o cómo llegar allí, pero que siempre encuentra la manera de hallar el camino para sobrevivir y prosperar.

Recuerden —como mi madre me decía todas las noches cuando me acostaba— todos somos ángeles, no humanos, sino ángeles, seres espirituales de tiempo completo que se sienten un poco humanos mientras vivimos este corto y pequeño sueño llamado vida.

Y también entiendan que de no haber sido por el amor que mi madre me daba todas las noches con sus palabras en español mientras me acostaba, estoy seguro que no hubiera tenido el poder, la magia para soportar toda la intimidación y cosas terribles que me sucedieron más tarde en la vida. Era como si tuviera el amor de un lado que me mantenía de pie y el rencor en el otro que me derrumbaba. Pero de alguna manera, entre estas dos poderosas emociones logré crecer como yerba que sale rompiendo piedra y concreto, que emerge y saca su poder de la Madre Tierra cuando trata de alcanzar al Padre Cielo. Esto es lo que es el espíritu humano: una fuerza indestructible, que surge contra toda vicisitud, arraigada en el amor, al tratar de alcanzar la dorada luz de Dios.

Gracias. Espero que les gusten estos relatos tanto como a mi familia y a mí.

Luchen por alcanzar sus sueños. Es más barato a largo plazo.

¡Adelante, amigos y amigas!

—Victor E. Villaseñor
Rancho Villaseñor
302 Stewart St.
Oceanside, California 92054

PRIMERA PARTE

★★★★★

Mi despertar al poder y a la magia

El humano más inteligente que he conocido: Shep el perro de mi hermano

Tenía ocho años la noche que el perro de mi hermano se volvió loco y empezó a correr alrededor de la casa aullando a los cielos. Era muy noche, yo estaba profundamente dormido y mis padres estaban en San Diego en el Hospital Scripps al lado de mi hermano que había estado enfermo por casi un año. Joseph tenía dieciséis años y había sufrido golpes en un juego de fútbol, unas cuantas contusiones internas, pero nuestro doctor —un borracho— no había diagnosticado acertadamente la gravedad de los golpes y el hígado le dejó de funcionar y le dio leucemia.

Podía oír su perro Shep que corría alrededor de la casa y aullaba como loco. Me levanté rápidamente para ver qué era lo que sucedía. Shep era un perro inteligente y no ladraba por cualquier cosa. Me puse las botas y agarré mi rifle de municiones y salí por la puerta principal. Había una media luna y miles de estrellas. Vivíamos cerca del mar en un rancho al norte del condado de San Diego y frecuentemente bajaban los animales por el cañón detrás de la casa para ir al océano. Miré a mi alrededor pero no vi nada. Sólo podía ver que el perro se correteaba a sí mismo como loco. Lo llamé, —¡Shep! —Le grité—, Está bien. Entra. No pasa nada. —Quería que viniera hacia mí para acariciarlo y calmarlo, pero no se me quería acercar. No, seguía corriendo alrededor de la

3

casa y aullando como loco. Y Shep era inteligente, y sensato también. Era mitad coyote y mitad pastor alemán y desde que yo tenía uso de razón había salido a cazar con él. Siempre me había hecho caso antes, así que no sabía qué le pasaba. Estaba actuando de una manera muy extraña. No hacía más que correr y correr alrededor de la casa y aullar ferozmente.

Mi hermanita Linda despertó y salió también para ver qué pasaba. Entonces salió Rosa, la india mexicana que nos cuidaba mientras mis padres estaban fuera, para ver qué estábamos haciendo.

—¿Qué pasa? —preguntó Rosa en español. En el rancho todos hablábamos español. Nadie hablaba inglés a menos que saliéramos de la propiedad.

—Sí, —dije en español—, es que el perro se ha vuelto loco. Le está ladrando al aire y no quiere venir cuando lo llamo.

—No le ladra al aire, —me dijo Rosa—. Está aullando porque tu hermano se está muriendo.

Me quedé atónito sin saber qué pensar. —Pero mi hermano no se está muriendo, —dije—. Se está aliviando. Por eso lo tienen mis padres en el hospital.

Emilio, el esposo de Rosa, salió repentinamente de la oscuridad y me di cuenta que varios peones estaban sentados en silencio debajo del enorme árbol de chile.

—Rosa tiene razón, —dijo lentamente—. Tu hermano se está muriendo. Por eso su perro ha enloquecido; quiere mucho a tu hermano.

—Sí, quiere a mi hermano, pero, bueno, —no pude seguir. No sabía qué decir. Mis padres nos habían dicho a mi hermana y a mí que los mejores doctores que se podían hallar estaban atendiendo a mi hermano y que se estaba mejorando. Miré de reojo a Emilio, luego a Rosa y después a Emilio de nuevo—. ¿Pero cómo sabe este perro que mi hermano se está muriendo? ¡Mi hermano está a más de treinta millas de aquí! ¡Ustedes están equivocados! ¡Están equivocados! ¡No saben lo que dicen!

—Como quieras, —dijo Emilio, poniendo el brazo alrededor de los hombros de su mujer—, está bien. Pero entiende que el alma no conoce distancias, y el amor habla por el corazón. Y ese perro nos está comunicando su desconsuelo por tu hermano.

—¡No! —grité—. ¡Mi hermano no se está muriendo! Shep tiene que dejar de aullar.

Pero no importaba cuánto le gritara, Shep no paraba. Empecé a llorar también. Ahora tenía miedo y se me rompía el corazón lo mismo que a Shep.

Los peones no dijeron una palabra. Sólo seguían allí sentados bajo el gigantesco árbol de chile haciendo dibujos en la tierra en silencio. Finalmente Rosa nos metió a mí y a mi hermana.

El perro de mi hermano siguió aullando toda la noche y de repente, temprano en la mañana, dejó de hacerlo. Cuando salí para saber qué había pasado, me dijeron que se había escapado a las montañas.

Mis padres llegaron a casa más tarde y nos dijeron a mi hermana y a mí que nuestro hermano Joseph había muerto. Nos dijeron que los doctores habían hecho todo lo posible con la medicina moderna pero que había muerto de todos modos.

Al entrar a casa pude ver que la cara de mi madre estaba hinchada de tanto llorar. Mi padre se quedó afuera conmigo y con mi hermana. Le quería decir a mi padre que habíamos sabido de la muerte de mi hermano la noche anterior por Shep, pero no sabía cómo decirlo sin que me creyera tonto.

Más tarde fui a decirles a Emilio y a Rosa que tenían razón, que mi hermano había muerto, pero me dijeron que ya lo sabían.

—Esta mañana vimos a su perro salir disparado hacia las montañas para reunirse con su alma, —dijo Rosa. Nunca olvidaré los escalofríos que sentí en la espalda al oír, "para reunirse con su alma", y tuve esta visión poderosa del perro de mi hermano que subía a la cima más alta para saltar hacia el cielo para reunirse con el alma de mi hermano que iba rumbo al cielo.

Después de eso nunca volvimos a ver el perro de mi hermano. Y cuando más tarde le pregunté a Rosa y a su esposo qué le había pasado a Shep, me explicaron que había dejado su cuerpo en alguna parte de las montañas para poder viajar al otro lado de la vida con mi hermano, a quien amaba tanto. Me explicaron que los animales podían hacer eso más fácilmente que los humanos porque todavía no habían aprendido a hablar y a cuestionar y que el amor era todavía la base de sus vidas.

Poco después de esto Rosa y Emilio regresaron a México. Se fueron unos días después que le dije a mi padre las cosas que me habían dicho de Shep y mi hermano. Mi padre se enojó mucho y dijo, —Tu madre y yo teníamos al mejor doctor que pudimos hallar para tu hermano, ¡y ninguna creencia india antigua y tonta va a poner en duda mis palabras!

—Pero no importa lo furioso que se haya puesto mi padre y todo lo que gritó, todavía recuerdo que había visto el perro de mi hermano volverse loco por el amor de mi hermano y desaparecer al día siguiente para nunca más volver.

Nota del autor

Esta historia siempre me ha obsesionado, pero no fue sino hasta después de unos veinte años cuando empecé a platicar con mis padres para poder escribir la historia de nuestra familia cuando empecé realmente a entender la importancia de esa noche. Fue en la época en que mis padres se habían mudado del barrio y habían empezado a negociar con los norteamericanos y habían puesto toda su confianza en los doctores modernos y habían quedado defraudados. Habían dejado sus raíces culturales y sus creencias originales y se sentían completamente solos y perdidos en éste, su nuevo mundo.

Y Shep, bueno, realmente fue el humano más inteligente que he conocido. No sólo me enseñó a cazar y a acechar, sino que también me despertó al mundo de la magia y los sueños. Me dio las herramientas básicas que necesitaba para que, cuando años más tarde fuera a México a la Barranca del Cobre para hacer investigaciones sobre la biografía de mi madre, pudieran brillar ante mí las verdaderas joyas de la vida.

Porque Rosa y su esposo tenían razón. Shep sabía que mi hermano estaba muriendo porque sencillamente los perros pueden olfatear lo que nosotros no podemos oler, oír lo que no podemos oír, y sentir lo que no podemos sentir.

Pero claro, cuando era un niño de ocho años no

sabía nada de esto. Es más, entre más vivo más me doy cuenta que las lecciones más importantes de la vida no las aprendemos hasta varias décadas más tarde. Por lo tanto, siempre ten un criterio amplio y sigue adelante porque nunca se sabe cuándo la catástrofe de hoy será el milagro de mañana.

Midnight Duke

Midnight Duke era un bello caballo castrado, negro, que siempre andaba por su lado y nunca molestaba a los otros caballos. Ni siquiera era el caballo más rápido o más inteligente, o mejor entrenado, ni nada de eso. No, simplemente era un buen caballo sincero que tenía algo diferente. Cada vez que una yegua iba parir, Duke se ponía nervioso y caminaba de un lado a otro en su corral. Al día siguiente —a diferencia del ganado, parece que los caballos siempre tienen sus crías en la noche— descubríamos que Duke se había salido de su corral de alguna manera y que estaba parado como centinela al lado de la yegua y su cría a unos sesenta pies. Y pobre del perro o coyote que tratara de acercarse y molestar a la yegua o al potro. En una ocasión hasta hallamos una liebre que se había atrevido a acercarse y Duke la había pisado y pateado hasta que sólo quedó la piel y pedazos de carne y hueso despedazados del pobre animalito.

Todos sabíamos que ningún caballo normal puede alcanzar una liebre, es imposible. Eso no lo podría hacer ni el caballo de carreras más rápido. Pero allí estaban los restos de esa liebre, y Duke todavía bufaba ferozmente cuando lo fuimos a ver en la mañana.

Los peones me explicaron que cuando Duke fue castrado seguramente quedó con fuertes sentimientos de macho. Y como no podía tener sus propios potrillos había decidido hacer lo único que le quedaba, proteger a las yeguas mientras nacía el potrillo con todo el poder que Dios le había dado. Y Duke las protegía. Hasta tiraba portones a patadas o brincaba cercas para ir al lado de la yegua que sabía iba a parir. Pero Duke no era agresivo ni actuaba fuera de lo normal en ningún otro momento. Así que a todos nos sorprendió el día que trajeron al rancho a Big Diamond y Duke se transformó en un guerrero feroz.

En esa época yo tenía diez u once años y papá había instalado una caballeriza para poder rentar caballos. Muchos de los amigos de mis padres nos visitaban los fines de semana, y se bebían su whiskey y montaban los caballos. Mi padre decidió convertir nuestro rancho en un negocio para no tener que seguir diciéndoles a sus amigos que no podían montar.

Mis padres trajeron a un vaquero viejo nacido en Arizona el siglo anterior para administrar los establos. Se llamaba Si Barnett, masticaba tabaco, tenía dentadura postiza y apestaba peor que un caballo después de sudar por dos meses. Nunca iba al baño dentro de la casa, dormía en el cuarto donde se guardaban los arreos para poder oler las sillas toda la noche y siempre contaba chistes.

Un día, Si trajo una cuadra de caballos de Escondido —un lugar a unas veinte millas al este de nosotros— y los puso junto con nuestros caballos. Entre éstos había un caballo negro enorme huesudo llamado Diamond porque tenía un diamante en la frente. Inmediatamente, hasta yo, tan chico, pude ver que Diamond era el cabecilla y que no tenía buenas intenciones. Después de haber visto pasar tantos caballos por nuestro rancho me había dado cuenta que los caballos son como la gente y cada uno tiene su propia personalidad y su manera de ser.

Y bien, Diamond echó un vistazo y decidió que ya que ésa era su nueva casa, iba a demostrar quién era el jefe del lugar. Rápidamente, sin ninguna razón, atacó a tres o cuatro de nuestros caballos mordiéndolos y pateándolos para demostrarles lo macho que era. Si, mi papá y los otros dos hombres sólo miraban sin hacer nada.

—Dejen que ellos se las arreglen de una vez por todas, —dijo Si—, y así todo esto terminará y ya no tendremos más problemas. Son iguales que las gallinas o cualquier otro animal de manada, tiene que haber una jerarquía o nunca habrá paz.

Así que Diamond rápidamente atacó a un caballo y a otro alejándolos del heno y estableciendo su dominio. Teníamos alrededor de veinte animales en el corral y lo único que hacían era alejarse de Diamond o poner un poco de resistencia para mantener su auto respeto, y después correr como locos.

Diamond había casi acabado de alejar a todos los caballos de su heno o de su lugar y era ahora el nuevo jefe. Pero entonces cometió el terrible error de atacar a una yegua y su potrillo que estaban al lado del bebedero. Y Midnight Duke, que nunca peleaba con nadie y que nunca había sido jefe de nada, repentinamente ante nuestros ojos arremetió contra este monstruo. Desde el otro lado del corral se vino corriendo con tal convicción de cuerpo y alma que mordió detrás del pescuezo al animal más grande y más fuerte y lo tiró al suelo. Y Midnight Duke estaba piafando, pateando y girando sobre sí mismo.

Diamond se levantó y salió disparado del corral corriendo colina abajo como si el demonio viniera tras él. Pero Duke lo siguió y no lo soltó; siguió pateándolo, mordiéndolo y chillando ferozmente colina abajo hasta la mitad del valle.

Si y mi padre se morían de risa.

—¡Dios mío! —dijo Si—. ¡Nunca he visto nada parecido en mis setenta años de domar y entrenar caballos desde Arizona a Wyoming! ¡Si Diamond no hubiera corrido, seguramente Duke lo habría matado!

Dos semanas después Si nos contó cómo se había quedado despierto toda la noche y vio a Duke subir una cerca de siete pies de alto, igual que un ser humano subiendo a una escalera, para llegar al lado de una yegua que estaba pariendo.

—¡Ese pinche caballo castrado tiene más determinación y espíritu que ningún caballo que haya conocido jamás! —dijo Si, le brillaban los ojos con emoción—. ¡Dios mío, qué garañón hubiera sido engendrando los mejores potros!

Y la imagen de Duke escalando la cerca bajo la luna llena para ir a proteger a una yegua con su potrillo creció y creció en mi mente hasta que yo también sabía que Midnight Duke tenía el espíritu, como lo había dicho Si, y como el perro de mi hermano, Shep, había tenido el espíritu también.

Nota del autor

Nunca me había dado cuenta que el instinto masculino de proteger a los jóvenes de su especie podía ser tan fuerte. Si hasta este día la historia de Midnight Duke todavía me da escalofríos. Porque no era que Midnight Duke fuera algo especial, y sin embargo, es verdad que atrapó a una liebre y subía cercas y se ponía de centinela al lado de las yeguas que iban a parir. Y el día que Duke atacó a Diamond, que había corrido a una yegua y a su potrillo de su bebedero, todavía lo recuerdo como una de las hazañas más grandes que jamás haya visto. Quiero decir, la fuerza con la que lo hizo y la rapidez de su decisión y acción fueron completamente admirables. Pero de nuevo, el impacto total de esta historia no se me reveló sino hasta años después.

Les aseguro que a veces creo que nuestras vidas significan muy poco hasta que ha pasado algún tiempo para poder apreciar las cosas que hemos vivido. ¡Disfrútenlas! ¡Siempre disfrútenlas! Pues estos momentos por los que están pasado ahora pueden parecerles confusos y solitarios y no tener sentido. Y sin embargo éstos pueden ser los años que recordarán como los que los hicieron las magníficas personas que son.

Estrellas peregrinas

Acabábamos de tener nuestro primer hijo. Yo había aumentado veinte libras y Bárbara cuarenta. Vivíamos en el viejo jacal del rancho de mis padres en Oceanside, California. Tenía treinta y cinco años y había estado escribiendo por quince. Había escrito doce libros y treinta y cinco relatos, pero sólo había logrado vender dos libros: uno llamado *A la brava,* al cual mis editores de Nueva York le habían cambiado el nombre a *Macho!,* y otro libro sobre la serie de asesinatos de Juan Corona en el norte de California.

Pensé que ya que era un escritor profesional, que tal vez ya estaba listo para escribir un libro sobre mis padres. No quería que nuestro hijo fuera a la escuela y que lo, o la avergonzaran por su herencia indoespañola como me había pasado a mí. Pero entre más platicaba con mis padres y mis tíos, más inseguro me sentía porque ya no podía creer las historias que me contaban. Y cuando traté de olvidarme de mis padres y escribir sobre mi propia vida en el barrio y en el rancho me encontré con el mismo problema. Tampoco podía ya creer en las experiencias de mi niñez. Era como si me hubiera vuelto un cínico y dudaba que la noche en la que el perro de mi hermano se había vuelto loco hubiera pasado, o que Midnight Duke hubiera realmente trepado las cercas para proteger las yeguas que parían. Estas historias me parecían demasiado sentimentales, demasiado románticas, demasiado increíbles.

Y allí estaba, entrevistando a mi padre mientras cuidaba a mi hijo David Cuauhtémoc, y no podía creer sobre una gran serpiente de Los Altos, Jalisco, que había atacado a jinetes a caballo y los había derribado.

—Por esto todos estaban aterrados —continuó mi padre entusiasmado—, porque la serpiente ya se había comido a varios niños y cochinitos. Tu abuelo Juan era un gran jinete y por eso el día que la serpiente lo atacó, arrancó una rama de un árbol seco y se la clavó en el hocico. Entonces amarró el cuerpo del monstruo y lo arrastró hasta el pueblo donde unos leñadores le cortaron la cabeza.

Tenía ganas de reírme, de soltar unas risitas nerviosas, pero no lo hice y mi padre continuó.

—¡Entonces se abrió el cielo! —dijo sonriendo triunfalmente—. ¡Y la gente se regocijó y festejaron durante días pues el diablo había sido derrotado una vez más por un cristiano tenaz y Dios estaba contento!

—Ay, papá, —le dije no pudiendo contenerme más—. Ésa era una buena historia para cuando yo estaba chico, pero ahora soy hombre, un escritor profesional, ¡y no puedo escribir eso! —dije riéndome.

—¿Por qué no?

—Porque no es verdad.

—¡Pero yo vi a la serpiente con mis ojos cuando la trajeron arrastrando al pueblo!

—¿Tenía alas? —le pregunté sarcásticamente.

—No, creo que no —dijo mi padre—. Pero algunas serpientes sí las tienen como la que sacan los chinos todos los años para su desfile.

—¡Pero esas son leyendas, papá! No son verdad.

—¿Ah, y quién dice que las leyendas no son verdad? —Me paró en seco.

—Bueno —dije—, si son verdad, nadie puede probar que son verdaderas y por eso no puedo escribir acerca de ellas.

—Entonces sí que tienes problemas, porque las cosas más importantes de la vida jamás se pueden probar. Como el amor de mi madre y su fuerza cuando bajamos de la montaña a la guerra y a toda esa destrucción. ¿Cómo puede probar alguien su amor, eh? Dime. El amor no se puede probar y tú eres un tonto, igual que todo lo que escribes, ¡porque éstas son las cosas verdaderas de la vida! —Estaba enojado.

—¿Entonces me estás diciendo que lo de la serpiente pasó en realidad?

—¡Claro que sí! —dijo—. ¡Seguro que sí!

Y siguió hablando sin parar, pero yo dejé de escuchar. Sencillamente no podía entender el mundo de mis padres. Era demasiado fantástico, estaba lejos de mi realidad del mundo contemporáneo.

Pero un día poco después de este incidente, estábamos Bárbara y yo en el zoológico de San Diego enseñándole a nuestro pequeño David los elefantes y otros animales. Llegamos hasta donde tenían unas serpientes detrás de una vitrina de vidrio y me vino una idea a la mente. Era como si se hubiera encendido dentro de mí un foco de 120 watts. Rápidamente fui a la oficina de la sección de serpientes. Cuando la encontré, pregunté por la persona encargada de las culebras.

—¿Qué desea? —me preguntó la mujer.

—Mire —dije—, necesito a la persona que administra este lugar y sabe todo lo que hay que saber sobre la serpentología o como se diga, para poder hablar con él o ella.

—Usted le puede escribir a nuestra oficina, si tiene . . .

—¡Mire! —le dije—. ¡Necesito ver a esta persona ahora mismo! Tengo información importante sobre una serpiente rara.

—Ah, —dijo la mujer y fue hacia la parte de atrás.

—Tal vez sea mejor que te salgas, Bárbara, —le dije nerviosamente a mi esposa—. Esto puede ser vergonzoso.

Bárbara salió con el niño. Era un hermoso día soleado. Por fin regresó la mujer con un hombre que parecía tener unos cincuenta años. Parecía que había estado comiendo. Se venía limpiando la boca y masticando.

—Siento molestarlo —le dije—, pero, ¿es usted la persona que, bueno, estudió serpentología, o cómo se llame, y que sabe todo acerca de las serpientes?

—Bueno, hasta cierto punto. He estado en el campo por . . .

Lo interrumpí. Me empezaba a sentir tan ridículo que sabía que me iba a echar para atrás si no hablaba rápidamente. —Mire —le dije—, Me han dicho . . . —y no le dije que mi padre me había dicho en caso que la respuesta no corroborará la pregunta—, que, bueno, que hay una serpiente de seis o siete pies de alto que ataca a un hombre a caballo tratando de derribarlo para comérselo.

—¿Dónde? —preguntó el hombre.

Me sorprendió. No se había reído. No, me preguntó, —¿Dónde?

—Pues en México —le dije.

—¿En qué tipo de terreno? —preguntó.

—Pues, principalmente desierto alto, pero en los lugares bajos la vegetación es exuberante y verde, y durante la temporada de lluvias se vuelve una jungla.

—Claro, ésa es una "Bushmaster" —dijo.

—¿Una Bushmaster? ¿Quiere decir que esa serpiente en realidad existe?

—Sí.

—¿Pero cómo puede una serpiente tener seis o siete pies de alto?

—Una Bushmaster levanta del suelo la mitad de su cuerpo. Así que si mide doce pies, se puede levantar seis pies, y si mide catorce pies, puede . . .

—¡Dios mío! —grité—. ¡Entonces la historia de mi padre es cierta! —Me dio un fuerte dolor de cabeza y me la agarré.

—Está usted bien —me preguntó.

—Sí, claro, ¡ay, Dios mío! ¡Qué buenas noticias!

—¿Sabe usted dónde hay una Bushmaster, necesitamos una para el zoológico.

—Bueno, no, en realidad no, pero . . . ¡ay, Dios mío! ¡Dios mío! —Los pensamientos me daban vueltas, me explotaban, me sacaban de quicio—. Pero espere un momento —dije—, ¿esta serpiente atacaría a un hombre a caballo?

—Claro, ¿por qué no? No le temen a nada. Por eso es que casi están extintas. Atacarían un carro, un tren, cualquier cosa.

—¿Y son capaces de comerse niños pequeños o cochinitos?

—Por supuesto; una víbora de cascabel es mucho más pequeña y come liebres.

—¡Ay, Dios mío, Dios mío! —grité con la cabeza

entre las manos. Me estaba deshaciendo por dentro.
Yo había sido el Santo Tomás que había dudado. El
problema había sido yo, no mi padre ni mi madre, ni
mis recuerdos de la niñez. ¡El problema era yo!

Después de este increíble descubrimiento fui a casa
y empecé a entrevistar a mis padres seriamente y a
aceptar todo lo que decían, lo creyera o no. Pero aún
así, mucho de lo que me contaban no lo podía poner
por escrito porque era tan ajeno a mi formación moderna americana que me sentía ridículo al escribirlo.

Más tarde me di cuenta que tenía que ir a México
para ver las cosas por mí mismo. Porque no importaba cuán dispuesto estuviera para creer lo que me contaban mis padres, todavía me sentía perplejo ante su
realidad, especialmente cuando repetían palabras
como ángeles, milagros, Dios, diablo y bruja tan frecuentemente que, como hombre moderno, me
parecían ridículas. Aún hablaban de cada nuevo día
como si fuera un regalo mágico de Dios, un diario
milagro de amor, que el Todopoderoso nos ofrecía en
las alas de los ángeles. Y el sol era el ojo derecho de
Dios. Caray, me parecía muy exagerado y romántico y
en verdad no tenía nada que ver con la realidad cotidiana como aseguraban ellos insistentemente.

Fui en avión a Ciudad Obregón y de allí viaje en
autobús de segunda a Choix. Después, para subir a las
montañas, tomé lo que llamaban un tranvía, un camión
alto de cinco toneladas con bancas de madera en la
parte de atrás. Después atravesé ríos en balsas. Una
noche dormimos en La Reforma, un pueblo minero
moderno. Al día siguiente contratamos a un hombre de
ochenta y cuatro años para que nos guiara a pie hasta
Lluvia de Oro, el lugar donde había nacido mi madre.

Yo llevaba un brazo enyesado porque había tenido un accidente de motocicleta, pero estaba en excelente condición física porque era corredor de fondo. Aún así, apenas si podía ir al parejo del anciano. Se llamaba José María, tenía treinta hijos y había conocido bien a la familia de mi madre. De hecho, me preguntó cómo estaba mi tía Carlota y dijo que ella tenía las piernas más torneadas en todo el pueblo.

De repente, al dar vuelta en una curva del sendero, José María se detuvo, se hincó y empezó a rezar

—¿Por qué hace eso? —le pregunté acercándome.

—No se acerque —dijo—. ¿No lo puede sentir? Éste es un lugar pecaminoso, aquí se cometió un acto violento.

—No, no siento nada —dije—. ¿Qué pasó?

—No sé exactamente, pero seguro que aquí mataron a alguien —y siguió rezando.

Miré a mi alrededor buscando señas de que algo malo hubiera pasado allí. Pero no vi nada.

Después que terminó de rezar se puso de pie y continuamos nuestro camino. Y entonces, cuando íbamos entrando al cañón cerrado donde había nacido mi madre, se detuvo en el sendero y empezó a rezar de nuevo. Esta vez no estaba alarmado.

—¿Qué pasa? —le dije acercándome de nuevo.

—Un niño nació aquí —dijo—. ¿No puede sentir el milagro?

—No —le dije—, no puedo. Pero los milagros se pueden sentir, ¿verdad?

Ni siquiera se molestó en contestarme. Después que terminó de rezar entramos al cañón y me señaló la entrada de lo que había sido una mina de oro y después me enseñó donde había estado una aldea de centenares de personas. Continuamos por el viejo camino del cañón y me llevó al peñón donde había nacido mi madre, y Dios mío, allí estaba el tornillo de hierro que había servido de ancla a su casa y del que siempre me hablaba mi madre. Empecé a sentir escalofríos en la espalda cuando José María me contaba detalle tras detalle de cómo habían sido las cosas en un tiempo. Pero ahora al abarcar la vista podía ver que no quedaba nada de la aldea ni de la plaza.

—¿Y dónde están las grandes cascadas? —le pregunté.

—Es la estación de sequía —dijo—. Ya no corren todo el año. Ahora ni siquiera hay un hilito de agua hasta que llega la primera lluvia. Pero cuando llegan las lluvias las cascadas todavía rugen, —agregó con entusiasmo.

Cruzamos el cañón hacia donde había estado el asentamiento americano y todavía había dos construcciones de piedra y los cimientos de concreto de otra. Allí vivían unas dos familias de indios que tenían chivos y puercos.

Vi entonces cajas de archivos en un hoyo de concreto donde estaba una puerca con sus cochinitos. Me dijeron que aquí era donde los americanos guardaban las barras de oro antes de mandarlas fuera.

Me metí al hoyo de un brinco y empecé a hurgar en las cajas de archivos y me di cuenta que la mayoría estaban escritos en inglés. Muchos estaban escritos a máquina y venían de una compañía minera en San Luis, Missouri, y otros de San Francisco, California. Algunas hojas tenían el membrete de "Lluvia de Oro Mining Company". Me sentí muy afortunado. Rápidamente empecé a revisarlas y hallé información muy interesante. Las hojas de contabilidad indicaban que a principios del siglo veinte, miles de onzas de oro habían sido embarcadas. Algunas veces ni se habían molestado en embarcar la plata porque había tanto oro.

Le pregunté a José María si me podía quedar con algunos de estos papeles. Me dijo que tenía que pedírselos a los indios pues ellos fueron los que los hallaron y los habían guardado todos estos años. Le pregunté al indio anciano que había estado mirándome si me podía quedar con algunos de los papeles. Me dijo que no. Le pregunté si podía comprárselos. Dijo que allí el dinero no le servía de nada porque no había nada que comprar.

—Mire, —me dijo—, ¿tiene algo qué intercambiar?

Abrí mi mochila y saqué una lata de duraznos, una cámara, ropa, linternas de pilas y un cuchillo.

Tomó la lata de duraznos que tenía una etiqueta con distintos colores. —¡Se los cambio por estos duraznos! —dijo entusiasmado.

Y sopesó la lata de duraznos en la mano derecha y sacó más o menos el mismo peso en archivos con la izquierda y me los dio. Caray, deseaba haber llevado más latas de duraznos porque no traía nada más que le gustara, ni siquiera el cuchillo. Dijo que era muy pequeño.

Ese mismo día por la tarde regresamos a la peña donde había nacido mi madre y allí acampamos. Leí los papeles que había obtenido. Ya estaba oscureciendo, miré hacia el cielo y vi más estrellas de las que había visto en toda mi vida. Estábamos en la parte alta de las montañas, a cientos de millas de cualquier población o ciudad y el cielo se sentía cercano y espléndido. En las primeras horas de la noche había estrellas fugaces aquí y allí iluminando los cielos. Me sentí muy lejos del siglo veinte y de todo lo que había conocido. Y, entonces, de repente sucedió. Pasó allí, mientras miraba los cielos. Vi mi primera estrella peregrina que bajaba de los cielos y se dirigía hacia nosotros. Me quedé maravillado preguntándome qué era lo que estaba viendo y pronto apareció otra estrella peregrina, y otra, y al poco rato había toda una hilera de estrellitas que bajaba del cielo hacia nosotros.

Nunca había visto nada parecido en toda mi vida y pensé que se me habían pasado los tequilas. Rápidamente llamé a José María que estaba adentro del cobertizo que habíamos hecho.

—¿Qué es eso? —le pregunté señalando las estrellas peregrinas.

—Ah, esos son sus invitados —dijo.

—¿Mis invitados? —dije, súbitamente espantándome un poco y pensé que tal vez me habría vuelto loco. Quiero decir, esos documentos que había estado leyendo me habían transportado a otro tiempo. Y el caminar de todo el día con un hombre que a sus ochenta años se movía tan rápido que apenas si podía seguirlo, me parecía alucinante. Y ahora, ¡qué chingados, tenía visitas del cielo! —¿Qué quiere decir usted con mis invitados? —le pregunté sintiéndome un poco descontrolado.

—Pues, la maestra y sus estudiantes que usted invitó a cenar —dijo calmadamente.

—Ah —dije, recordando inmediatamente la escuela que habíamos visitado al otro lado del cañón cerrado, cerca de una comunidad de pequeños ranchos. Habíamos dicho casualmente, *¿Por qué no pasan a vernos y cenan con nosotros?*— ¿Pero qué es lo que traen que brilla tanto? —pregunté.

—Antorchas de brea de pino —dijo José María—. Cada uno tiene su propia antorcha para iluminar su camino al bajar por el sendero rocoso. Es una cuesta inclinada.

—¡Ah, ya veo! —dije riéndome. Ahora podía distinguir el lado negro de la montaña las colinas que subían hacia el cielo—. Sabe —dije riéndome—, pensé por un momento que eran estrellas, estrellas peregrinas que bajaban del cielo hacia nosotros.

—Pero es lo que son —dijo José María—. Son estrellas peregrinas.

—¡Ah, no! —dije riéndome—. Usted no me entiende, lo que quiero decir es que por una fracción de segundo, mientras empezaban a bajar, no podía ver la montaña, y pensé que en realidad eran estrellas y que caminaban hacia nosotros.

—Pero eso es lo que son —repitió José María—. Todos nosotros somos estrellas peregrinas.

—Ay, no, todavía no me entiende, —le dije—. No estoy hablando con metáforas o simbolismo. Quiero decir que en verdad, en verdad, mientras empezaban a bajar de la cima, pensé por un momento que en realidad eran estrellas caminando hacia nosotros desde el cielo.

Me miró. —¿Qué le pasa? —me dijo—. ¿No sabe usted que eso es lo que somos todos? Somos estrellas que bajamos de los cielos.

—¿Qué? —dije. No podía entender lo que me decía.

Negó con la cabeza. —¿Qué le hicieron allá en esos

Estados Unidos? —preguntó—. Eso es lo que todos somos, estrellas peregrinas, cada uno de nosotros. ¡Y todos venimos del cielo!

—¿Habla en serio?

—Claro que sí. ¿No le decía su mamá todas las noches cuando lo acostaba a dormir que usted era un ángel y que todas las noches regresaba al cielo en sus sueños para descansar con Papito Dios y que al día siguiente por la mañana regresaba a casa bueno y refrescado?

—Pues sí me lo decía —dije.

—¿Entonces por qué está tan sorprendido?

—¡Ay, Dios mío! —exclamé, llevándome las manos a la cabeza. Miré una vez más hacia la montaña negra y juro que vi a la maestra y a sus estudiantes descender del cielo. Eran estrellas peregrinas. Todos lo seríamos si tuviéramos los ojos para ver la vida en toda su maravilla y magia.

—Sí —dije con los ojos llenos de lágrimas—, tiene toda la razón. Mi madre me lo decía cuando era niño cada vez que me acostaba a dormir. Pero, bueno, se me había olvidado. Usted sabe, pensé que era sólo una historieta. Gracias por . . . ¡ay, Dios mío! —dije.

Y en ese instante todo se aclaró: mi madre acostándome y llamándome su angelito, los relatos que me contaba en español para hacerme dormir y que acabé escribiendo en *Lluvia de Oro*. Recordé también los cuentos de mi padre y me di cuenta que sí, él, el décimo-noveno hijo de su madre, había vivido una vida de poder increíble. Su madre también le contaba cuentos de magia y fantasía antes de dormir.

Y de repente me vi de regreso en nuestro rancho de California. Recordé el perro de mi hermano, Shep, y una vez más lo vi brincar de la cima más alta para interceptar el alma de mi hermano que regresaba al cielo. Recordé a mi abuela que moría en la vieja casa del rancho de Oceanside y cómo me aferré a ella por horas después de su muerte porque había visto su alma elevarse de su cuerpo como en un sueño —un recuerdo que había olvidado hasta este momento.

Recordé a Midnight Duke y lo vi parado como centinela al lado de una yegua que paría. Recordé el cuento de mi padre acerca de la noche que había luchado con la bruja y cómo había salvado el alma inmortal de toda la familia. Recordé el cuento de mi madre y cómo había ayudado a dar a luz a dos cuates aquí en este peñón hace unos sesenta años. Y entonces lo sentí, sentí cuán sagrada era la tierra que pisaba. Miré hacia la derecha y dije, —Los hijos gemelos del coronel que vivía con la familia de mi madre nacieron exactamente allí, ¿verdad?

—Sí —dijo José María—, ahí era la recámara. —Sonrió y me miró con un nuevo respeto.

Entonces llegaron la maestra y los estudiantes. Les había tomado casi una hora bajar la cuesta de la montaña. Cenamos y la pasamos muy bien y después de la cena la maestra tomó una guitarra y empezó a cantar. La canción era "Yesterday" y la cantó en un inglés perfecto. Nunca había oído la canción cantada con tanta emoción y corazón, y quedé maravillado.

—¿Dónde aprendió esa canción? —pregunté.

—En la radio —dijo. Era una hermosa india que tendría entre 17 y 23 años. El estado le pagaba su sueldo y había estado en estas montañas enseñando a los niños de la localidad por casi un año.

—¿Sabe lo que significan las palabras? —le pregunté.

—No —me dijo.

—¿Le gustaría que yo se las dijera? —le pregunté.

Y al oír esta pregunta, nunca se me olvidará, imploró, —¡Ay no, por favor no me diga! —volteó la cara y levantó la mano para mantener alejado el significado de las palabras.

Y en ese instante llegué a un nuevo nivel de entendimiento. Me di cuenta que éste había sido el poder de mi madre y también de mi padre —este temor reverencial a las palabras. Esa era la razón por la que la joven maestra había podido cantar "Yesterday" con tal sentimiento, con tal emoción, porque no conocía el significado de las palabras. Las palabras eran aún un misterio para ella; para ella cada palabra estaba llena de maravilla y de magia. Así como hace mucho tiempo, cuando los humanos habían articulado cada palabra, les debe haber parecido que estaban llenas de una increíble maravilla y magia cuando la gente trataba de explicarles a sus prójimos estos enormes sentimientos que llevaban en lo más profundo de su ser. Tan sólo la palabra "Dios" debe haber provocado sentimientos de inaguantable angustia y pavor, belleza y nostalgia, sentimientos de maravilla y de magia. Pero en nuestros días la palabra "Dios" ha sido tan usada y abusada que en el mejor de los casos no sabemos darle valor o nos despierta sentimientos de santurronería o de culpabilidad, o de confusión.

Ay, la mente me explotaba, me daba vueltas a una velocidad increíble. Y vi que la gente de acá arriba —donde mi madre había nacido y se había criado— tenía todavía sus raíces en la tierra, las estrellas y la luna, ¡y que el lenguaje español y los dialectos indios locales se habían unido para producir una manera de sentir y tocar un mundo de misterio y maravilla! Y así como los perros pueden oler lo que nosotros los humanos no podemos oler y pueden oír lo que no podemos oír, y pueden sentir lo que los humanos no podemos sentir, la gente de acá arriba todavía puede sentir la magia de las palabras. Y ésta es la razón por la cual vivían en una realidad que yo y mi manera de pensar, moldeados por la cultura americana, no podíamos entender o creer fácilmente.

Sí, José María había sentido la maldad de aquel lugar donde se había detenido primero a rezar aquella mañana. Y también había sentido el milagro del nacimiento en el segundo lugar donde se detuvo a rezar. De la misma manera, Rosa y Emilio tenían razón cuando me dijeron aquella noche de mi niñez que Shep sabía que mi hermano se estaba muriendo. Y el viejo vaquero Si había dicho la verdad cuando dijo que Midnight Duke era un caballo muy especial que hubiera tenido excelentes potrillos si no lo hubieran castrado. Así pues, la vida era algo especial y los milagros y la magia eran una parte normal de la vida.

En verdad, cada nuevo día era un milagro, un regalo de Dios. Realmente lo era, igual que cada noche. Y mis padres no habían hablado en un lenguaje pulido o con metáforas cuando trataron de explicarme todas estas cosas. No, habían hablado con un lenguaje basado en la franca, cruda realidad. Y cuando mi madre me acostaba llamándome su angelito, lo decía de corazón, de hecho yo era su angelito y me iba a ir al cielo a dormir con Papito Dios.

¡Todo era verdad! ¡Completamente verdad! Había estado tanto tiempo pensando en mí mismo que no podía verlo. Era como el niño que llamaba a su madre y le decía, —¡Mamá! ¡Mamá! ¡Por favor, ven rápido a ver! ¡Una flor bailarina me ha caído en la mano! ¡Y me quiere! ¡Ven a ver! ¡Puede volar! ¡Es un ángel!

Y la madre, que había estado trabajando todo el día en su declaración de impuestos y no quería que la molestaran, aún así se apresuraba a ver qué era lo que pasaba. Entonces le decía a su hijo, —¡Pero, es sólo una mariposa!

—Ah —decía el niño repitiendo lo que había oído decir a su madre—, ¡sólo una mariposa! —Y después de eso el niño se quitaba el insecto de encima y nunca más pudo ver a las mariposas como algo ma-ravilloso y mágico.

Y esto fue lo que me pasó a mí una vez que dejé el regazo de mi madre y empecé la escuela. Se me fue lo maravilloso, lo mágico de la vida. Casi como por auto-protección me volví duro y cínico, un Santo Tomás que dudaba. Pero ahora todo eso se había acabado. Esta muchacha, esta joven hermosa maestra de escuela, me había hecho volar hacia atrás, hacia mí mismo. Y ahora sabía, como José María me había dicho, que todos somos estrellas peregrinas, todos y cada uno de nosotros. Somos ángeles, como siempre me lo había dicho mi madre.

Y de pronto eché un vistazo a mi alrededor y todo el mundo se veía tan diferente, tan hermoso y lleno de magia. Miré hacia el cielo y me sentí mejor de lo que me había sentido en años. Era como si hubiera regresado a mi hogar dentro de mí mismo por primera vez en mucho, mucho tiempo.

★★★★★

Nota del autor

Después de esta experiencia regresé a mi casa en Oceanside, California, y empecé a escribir con una fuerza que no había conocido nunca antes. Era como si tuviera alas, como si me hubiera reconectado a la fuente principal de la vida una vez más. Trabajaba hasta las diez u once de la noche y me levantaba entre las tres y cuatro de la mañana, completamente refrescado y con una mente increíblemente clara. Y ahora cuando mis padres me hablaban de Dios y de ángeles, milagros y magia, todo tenía sentido y lo podía poner por escrito sin ningún problema.

Sabrán que no abandoné esas montañas al día siguiente. Me pasé toda una semana allí con José María y le hice una pregunta tras otra. Y cada vez que hablaba me impresionaba la claridad de su pensamiento. Tenía como ochenta y su hijo más pequeño tenía cuatro años. Y la manera en que hablaba de la vida, hacía ver que la vida era eterna y que nosotros somos gente pequeña y perdida aquí en los Estados Unidos. Hombre, él no tenía ningún miedo de envejecer o de tener arrugas y, él, sobre todo, no tenía ningún miedo a la muerte.

—Sabe —le dije en una ocasión, —en los Estados Unidos la gente tiene miedo de envejecer y de morir. ¿Por qué usted no tiene miedo?

Nunca me olvidaré, se quitó el sombrero y limpió el interior del ala del sombrero con el pañuelo que yo le había dado. —Deben ser tontos —dijo—, porque morir es regresar a Dios. No sabe que en un tiempo, hace muchos, muchos años, todos éramos parte de Dios, y estábamos en paz, pero entonces ocurrió una gran explosión de amor y salimos volando en pequeñas piezas, cada uno de nosotros se convirtió en una pequeña estrella y cuando morimos, regresamos a Dios y es entonces cuando despertamos y en realidad vivimos. —Negó con la cabeza, se puso el sombrero y sonrió tristemente—. La gente debe ser muy infeliz en esos Estados Unidos, pobre gente, —agregó.

Y allí donde estaba, viejo y pobre y viviendo tan aislado de todos los lujos del siglo veinte, y aún así pensaba que él era el rico y que los que vivían "allí en Estados Unidos" eran los pobres y necesitados.

—Bueno, entonces de acuerdo a usted, —le dije—, por eso es que todos somos estrellas peregrinas; todos somos pequeñas piezas de esa gran explosión de amor, y ahora vamos de regreso a Dios.

—Así es —dijo—. Y estoy seguro que tu madre te contó todo esto, si recuerdas, a menos que se le haya olvidado también: el sol, la luna, todos los cuerpos celestiales, y también esta tierra, están todos vivos. Todos somos estrellas vivientes y todos vamos de regreso a nuestro hogar con Dios. Y cuando sabes esto, bueno, ¿cómo puedes estar triste de envejecer y morir? —sonrió con una hermosa sonrisa. Le faltaban dos dientes y en el espacio entre ellos había unas lindas y lisas encías rosa—. A toda vida le encanta regresar a su origen —agregó.

Y dijo esto con tanta calma, con tanta seguridad, como si no pudiera entender por qué yo no lo sabía. Y no era que me estuviera tratando de convencer, o que se preocupara si le creía o no. Era como si lo que estaba diciendo era tan elemental, tan natural, que no podía comprender cómo era posible que no lo vieran todos.

—¿Pero, cómo sabe usted todo esto? —le pregunté.

Se rió con una fuerte carcajada. —Bueno, ¿cómo sabes que ya salió el sol? Simplemente abres los ojos y ves su belleza cuando sale. Y aun si está lloviendo y está nublado, ves a tu alrededor y ves la luz y sientes su calor. Nada te puede engañar; la luz del sol es demasiado poderosa para que la esconda cualquier nube o montaña. ¡Y el poder de Dios es mil veces más poderoso que todos los soles en todo el universo!

—Mira —me dijo poniéndose de pie y apuntando al cielo—, allí mismo, al lado de esas estrellas. Allí es donde empezó la gran explosión de amor. Dios se sentía solo y quería compañía y entonces nos dio la vida a todos nosotros. ¿No lo sientes? ¿Aquí dentro de ti? Pues yo puedo todavía sentir ese gran milagro de nuestro nacimiento explosivo como si hubiera sucedido ayer.

—Entonces esa es la respuesta —dije—, sentirlo aquí, dentro de nosotros mismos

—Sí, claro —dijo sonriendo y después se empezó a reír.

—Y una vez que entremos en nuestros sentimientos hasta aquí dentro, ¿entonces podemos sentir hasta los milagros? —pregunté.

—Pero claro. Nuestros sentimientos son nuestra vida —dijo riéndose aún más—. Ay, no sé que te hicieron por allá, pero ahora me alegro que nunca fui a ese país cuando era joven como mucha de nuestra gente. Puedes perder el alma por allá si no tienes cuidado.

—Así que dime —continuó—, ¿Cómo están tu
mamá y tu tía Carlota? Ah, esa Carlota tenía las piernas más torneadas en todo el pueblo. —Sonrió
mostrando los dientes que le faltaban—. Aunque hace
muchos años, todavía la puedo ver dando sus pasitos
por todo el pueblo. ¡Qué buena estaba esa Carlota!
¿Todavía vuelve locos a los hombres por allá? Era la
más coqueta por acá, sabes. Pero más vale que no le
digas nada. ¡Puede regresar a torcerme el pescuezo!

Y se rió y se rió, divirtiéndose mucho.

Cuando regresé a casa, inmediatamente les dije a
mi mamá y la tía Carlota lo que había dicho José
María, y mi tía se enojó.

—¡Viejo cochino! ¡Nunca me cayó bien! —dijo—.
No vivían en el pueblo como nosotros cuando
estábamos allí en La Lluvia. Él y su madre vivían al
otro lado de las montañas en un ranchito —dijo mi tía
arrogantemente—, y su madre era una bruja. Y una
bruja mañosa. Imagínate, —dijo Carlota riéndose—,
le contó a la gente que había tenido una visión de la
Virgen María y la gente venía de todas partes y le
pagaba por visitar el lugar sagrado.

—¡Sí, tenía buenas piernas, pero no iba a permitir
que me las tocara el hijo de una bruja!

—¿Y a quién sí le permitiste que te las tocara?
—preguntó mi madre divirtiéndose.

—¡No me hables así! —cortó a mi madre—. ¡Soy
mayor que tú y tienes que respetarme!

Durante semanas entrevisté a mi madre y a mi tía
y después regresé a trabajar. Pude escribir con tal
fuerza, con una mente tan clara, que me di cuenta
que sí, que había sido reconectado con la fuente principal de la vida, con Dios mismo, y ahora podía ver,

sentir, y saber que sí, todos somos estrellas peregrinas, todos y cada uno de nosotros estamos en nuestra peregrinación al origen de toda vida.

Gracias.

SEGUNDA PARTE

★★★★★

Cuentos de mi madre

El primer día de clases

Llovió durante tres días y tres noches y el agua de las dos cascadas principales del cañón caía a borbotones rugiendo al estrellarse en el borde del enorme acantilado rocoso. El estruendoso ruido del agua hacía eco en el cañón, y siguió lloviendo sin parar todas las tardes durante catorce días. Era tal la fuerza del agua que bajaba por entre los tres picos tipo catedral que no había animal ni humano que pudiera salir de su refugio. La fuerza del agua de las dos cascadas aumentó a tal punto que ensordecía y turbaba los sentidos.

El peñasco detrás del jacal de Lupe dividía el agua que bajaba por la inclinada barranca librándolo así, y el agua seguía por los senderos empedrados hacia la plaza donde hacía pequeños riachuelos que corrían por el pueblo hacia el arroyo del fondo que había crecido y desbordado en un gran torrente de agua blanca que se estrellaba rugiente al derramarse del cañón hasta llegar al río Urique situado a seis millas cuesta abajo.

Ya que no podían trabajar en el nuevo camino que atravesaba la selva, los jóvenes soldados del coronel Maytorena se impacientaron —muchos de ellos de tierra caliente no conocían los peligros de la montaña— se montaron a caballo y trataron de cruzar el riachuelo.

Eran jóvenes llenos de brío que pensaban que ningún riachuelo podía impedirles el paso a ellos ni a sus fuertes caballos acostumbrados a las penalidades

de la revolución. Gritando de manera desafiante y, a
base de fuetazos, metieron a sus espantados caballos
al arroyo y las veloces aguas los jalaron de las orillas
llenas de helechos gigantes como si fueran soldaditos
de juguete y los lanzaron hacia las cascadas por entre
las rocas y las rugientes aguas blancas.

Un caballo logró encaramarse en una orilla del
arroyo un poco más abajo, pero el otro pobre animal
se fue pataleando y relinchando con su jinete a lo
largo de una serie de cascadas abajo del pueblo hasta
llegar a la poderosa cascada de trescientos pies al
final del cañón sin salida. Nunca hallaron a ninguno
de los dos jóvenes ni el cuerpo del caballo.

Las lluvias aminoraron, ya sólo llovía un par de
horas todas las tardes, y el cañón se llenó de un nuevo
verdor. Llegó la hora de empezar las clases y Lupe se
atemorizó. La escuela estaba dentro del campamento
americano y ella nunca había estado lejos de su casa
antes, y mucho menos dentro del campamento americano. El coronel Maytorena le pagaba a la mamá de
Lupe para que ésta le cocinara todos los días. Esa
noche el coronel notó que Lupe estaba muy callada, así
que después de cenar la llamó y la sentó en su regazo.

—¿Qué te pasa, nena? —le preguntó el coronel a
Lupe haciéndole caballito con la pierna—. ¿Hay algo
que te preocupa?

—La escuela va a empezar . . . y bueno, cuando
mis hermanas iban, iban juntas, pero yo tendré que ir
completamente sola.

El coronel se rió. —Pero, nena, la escuela está sólo
al otro lado del cañón.

Lupe se dio cuenta que el hombre no entendía y se
puso tensa. Para ella el otro lado del cañón era tan

lejos como la luna. Si nunca había estado lejos de su
madre y sus hermanas antes. Éste era uno de los
momentos más espantosos de su vida.

—Mira, chula, te voy a contar un cuento —dijo el
enorme hombre levantando a Lupe a la altura del
pecho y le contó que se había criado en una casa con
sus hermanas y hermanos y muchos sirvientes, en
una casa blanca muy grande que estaba en una colina
rodeada de patios y palmeras altas.

Lupe cerró los ojos escuchándolo embelesada
mientras sentía los botones de la camisa del hombre
rozarle la oreja y el sube y baja de su pecho.

—Y recuerdo muy bien el primer día que tuve que
ir a la escuela, mi madre hizo que el cochero me llevara en nuestro gran coche tirado por dos caballos
grises, quería llorar cuando me dejó. Ay, tenía tanto
miedo al ver a las monjas vestidas de negro que me
escapé de la clase, trepé una cerca y eché a correr a
casa tan rápido que llegué al portón de entrada antes
que el cochero.

—¿De veras? ¿Se escapó? —preguntó Lupe mientras se incorporaba poniendo atención.

—Ah, sí —dijo riéndose—, y cuando me regresó mi
mamá a la escuela, volví a correr a casa. No fue sino
hasta que mi madre me amenazó con decirle a mi
padre que por fin me quedé en la escuela. Así que ya
ves, querida, tú no eres la única que tiene miedo de ir
a la escuela. Lo mismo les va a pasar a la mayoría de
los niños que van por primera vez a la escuela.

—Pero nunca he estado dentro del campamento
americano antes y el ruido aplastante de la
maquinaria de la mina me da miedo.

—Mira, nena —dijo el coronel—, ¿todavía tienes la tarjeta que te di?

—Sí —contestó.

—Bien —dijo el coronel—. Porque te voy a pedir que seas muy fuerte y que me hagas un gran favor. ¿Me lo harás?

—Sí, claro —dijo ella con el corazón palpitante de emoción.

—Bueno, en unos cuantos días me voy a ir de nuevo, y mientras esté fuera quiero que seas muy fuerte. Muy fuerte. Y el primer día de clases quiero que le lleves esta tarjeta a tu maestra y que le pidas que te enseñe a leerla. Por favor, esto es muy importante. Porque si tú eres valiente y sincera, los otros niños se sentirán alentados por ti y todo saldrá bien. ¿Me harás este favor?

Lupe podía oír el latir de su corazoncito —tenía tanto miedo. Pero al fin asintió con la cabeza.

★★★★★

La mañana que iba a empezar la escuela Lupe estaba tan atemorizada como la gallina que ha detectado el rastro del coyote cerca de sus polluelos. Su coronel había partido y ella no quería ir a la escuela, pero le había prometido a su mejor amigo que lo haría, así que tenía que ir.

Después de ordeñar las chivas y terminar sus otros quehaceres, Lupe se vistió rápidamente y se cepilló el cabello una y otra vez para lucir lo mejor posible.

El sol se había elevado a una tercera parte del lejano horizonte cuando doña Guadalupe llevó a su hija menor al frente de la ramada para que fuera a la escuela. Lupe llevaba puesto un vestido nuevo hecho de un costal de harina que Sofía había bordado alrededor del cuello y sobre el corazón con flores rojas y rosas.

—Ten —le dijo doña Guadalupe, dándole una canastita llena de flores que había cortado de sus macetas—, llévale estas flores a tu maestra, la señora Muñoz, y recuerda, mi hijita, dondequiera que vayas en la vida, las flores no sólo son bellas, sino también tienen espinas para protegerse. Así que siempre sé fuerte y orgullosa, querida. Que te acompañe el Señor.

—Ay, mamá —dijo Lupe empezando a llorar.

—Nada de eso. Ya te están esperando las hijas de doña Manza. Vete ya, mi'jita.

Se besaron y Lupe se dio la vuelta y empezó a bajar por el sendero, deteniéndose para despedirse de su madre varias veces moviendo la mano antes de desaparecer.

Al llegar a casa de doña Manza Lupe vio que Cuca y Uva estaban listas y que la hermana mayor, Manuelita, se estaba despidiendo de su madre. Lupe se dio cuenta que las tres niñas llevaban vestidos hechos de tela comprada en la tienda.

Al bajar hacia la plaza, Lupe y las otras tres niñas se encontraron con la hija menor del alcalde, Rosemary, y a media docena de niños más. Y Lupe no se explicaba por qué, pero pensó que la hija de don Manuel, que iba tan bien vestida, le había dado una mirada de pocos amigos. Pero Lupe se olvidó pronto de eso mientras salían de la plaza, camino al arroyo, brincando de piedra en piedra al lado del agua que corría rápidamente. Los niños se reían y Lupe se reía con ellos, gozando tanto que se le olvidó su timidez por completo.

Pero, al pasar el agua que corría, los niños tenían que ponerse en fila para poder seguir el sendero empinado que se retorcía entre las rocas al lado del agua que corría. Y en este momento, mientras se ponían en fila, Rosemary le dio un empujón a Lupe y casi la tiró sobre el torrente de agua blanca. Lupe estaba anonadada. Ahora comprendía que la hija de don Manuel estaba realmente enojada con ella y quería molestarla. Pero ella no sabía por qué.

Mientras seguían por el sendero al lado del arroyo, Lupe se mantenía cuidadosamente alejada de Rosemary. Cuando llegaron a la cima de la barranca, Lupe miró hacia abajo de la empinada cuesta y vio el pueblo entero envuelto en la amarillenta luz del sol. Parecía tan de juguete que Lupe apenas si lo reconoció. Y la sección del pueblo donde ella vivía parecía no existir ya que se escondía detrás del gran peñasco y de enormes robles. De hecho, ni podía ver su propia casa de lo bien escondida que estaba por los duraznos silvestres.

—Apúrate —dijo Manuelita—. Tenemos que entrar por los portones juntas e ir derecho a la escuela. Los americanos no nos quieren rondando por los portones.

Rápidamente Lupe siguió a la muchacha mayor y a sus hermanas. Una vez dentro, Lupe se dio cuenta por qué los americanos no querían que estuvieran cerca de los portones; vagones y mulas cruzaban por todos lados. Todo el sitio era una colmena de actividad. Más adelante Cuca agarró a Lupe de la mano cuando seguían a Manuelita y a Uva al cruzar un gran páramo. Era también el primer día de escuela para Cuca, por lo tanto también ella estaba atemorizada.

Al atravesar el recinto abierto de granito Lupe vio los seis edificios de los americanos. Vistos de cerca parecían enormes, oscuros y largos Pero también se dio cuenta que no tenían árboles ni plantas alrededor de ellos. Y hombres armados iban y venían por sus terrazas.

Al frente estaba la planta trituradora que hacía un ruido horrible y desde allí Lupe podía ver los cables que bajaban las cajas de hierro desde la boca de la oscura mina muy arriba de ellos. Dos hombres y un par de mulas pasaron apurados. Uno de los hombres gritaba órdenes en una lengua dura y áspera que Lupe nunca había oído antes.

Siempre cerca de Manuelita y las niñas, Lupe pasó al lado de muchos americanos altos. Algunos eran casi tan altos como su coronel. Lupe reconoció a un americano. Era el Sr. Scott, el joven ingeniero guapo comprometido con Carmen, la mejor amiga de María. Muchas de las muchachas de La Lluvia se habían casado con americanos a través de los años. Pero no siempre salían bien las cosas. Muchos americanos tenían hijos con estas mujeres, pero cuando salían del país no se llevaban a sus familias mexicanas con ellos. Por eso había muchas mujeres jóvenes, desconsoladas, abandonadas con niños de pelo rubio. A Lupe y sus hermanas siempre les decían que se alejaran de los americanos, porque eran tan malos como los gachupines.

Más adelante Lupe se dio cuenta que se estaban acercando a un pequeño edificio blanco con un techo de palma amarillo claro que estaba completamente aislado a la orilla de un pequeño montículo. En frente del pequeño edificio había un campo donde unos niños jugaban con una pelota. Algunos de los niños eran indios tarahumaras. Lupe jamás se había imaginado que hubiera tanto espacio dentro del campamento americano. Sí era una ciudad en sí, con campos y corrales para sus ganados. Al llegar al pequeño edificio

Lupe vio a una mujer americana alta y a su preciosa hija. Las dos tenían pelo rubio largo y hablaban con una esbelta y bonita mujer morena mexicana. —Ésa es la señora Muñoz, nuestra maestra —le dijo Manuelita entusiasmadamente a Lupe—. Y ésa es la señora Jones, la esposa del administrador de la mina. Y ésa es su hija, Katie, que también va a nuestra escuela parte del año. —Manuelita estaba muy orgullosa de contar todo lo que sabía—. ¡Vengan y se las presento! Le caigo bien a la señora Jones. ¡Siempre me presta libros en español y en inglés!

A Lupe le dio miedo escuchar que le iban a presentar a la mujer americana. Nunca había conocido a un americano antes. Cerró los ojos apresuradamente pidiéndole a Dios que por favor le ayudara a no salir embarazada porque desde que tenía uso de razón su madre les había dicho que una muchacha podía salir en estado con tan sólo tocarla un americano. Entonces Lupe se acordó de la tarjeta del coronel y abrió los ojos. "Tengo que ser fuerte," se dijo a sí misma. "Se lo prometí".

—Perdón, señora Jones y señora Muñoz —dijo Manuelita—, pero mi hermana Uva y yo queremos que ustedes y Katie conozcan a nuestra hermanita Cuca y a nuestra amiguita Lupe.

Las dos mujeres se dieron la vuelta para ver a Manuelita y a las tres pequeñas. Y Lupe estaba a punto de darle las flores que su madre le había enviado y de mostrarle la tarjeta del coronel cuando llegó Rosemary corriendo e hizo a Lupe a un lado.

—Miren mi vestido nuevo —dijo Rosemary—. ¡Mi madre encargó que lo hicieran especialmente para mí!

Las dos mujeres vieron el vestido nuevo de

Rosemary y ella dio vueltas para mostrarlo. Entonces sonó la campana para que empezara la escuela. Rosemary tomó a Katie de la mano y se fueron corriendo. Lupe escondió la tarjeta del coronel detrás de las flores. Le daba pena dárselas a su maestra.

—Bueno, con permiso —dijo la señora Muñoz volteando a ver a la señora americana—, pero debo entrar.

—Qué gusto saludarla, Esperanza, —dijo la señora Jones en español—. Le voy a mandar los útiles nuevos en cuanto lleguen.

—Gracias —dijo la señora Muñoz también en español—, sería maravilloso.

Entonces la campana sonó de nuevo y todos los niños dejaron de jugar y se metieron corriendo al pequeño edificio de techo de palma.

Siguiendo a Manuelita y a sus hermanas, Lupe se dio cuenta que la escuela era un cuarto largo con mesas y bancas largas para niños.

Un escritorio grande con dos sillas estaba al frente del salón. Lupe se preguntó si su padre había ayudado a construir los muebles ya que era un buen carpintero.

Miró a su alrededor y vio que las paredes del salón eran de palo y barro y estaban pintadas de blanco. Las paredes no estaban viejas y cafés como las de su casa. Había una olla enorme de barro para el agua en una esquina de la parte de atrás sobre la horqueta de una gran rama de roble. A Lupe le encantó la olla —se veía tan en paz.

Manuelita acompañó a Lupe y a Cuca con cuidado hacia el frente del salón. Lupe se dio cuenta que la mayoría de los muchachos, todos niños igual que ella, se quedaron en la parte de atrás. Le recordaban a los becerros rebeldes que rehusaban seguir a la mamá en un determinado sendero de la montaña. Lupe conocía a uno de los niños. Se llamaba Jimmy. Su padre era uno de los ingenieros americanos que se había casado con una chica local y después los había abandonado a los dos. Lupe saludó a Jimmy con un movimiento de cabeza mientras pasaba por el pasillo. Jimmy le sonrió. Tenía grandes ojos azules, pelo negro, y era extremadamente guapo. Vivía en la barranca, más arriba que ellos y su casa era más chica y más pobre que la de ellos.

—Lupe, tú te sientas aquí con Cuca —dijo Manuelita—. Y tú les ayudas, Uva. Yo me tengo que sentar al frente con la señora Muñoz para ayudarle con las lecciones.

Lupe frunció los labios y movió los pies, pero no dijo nada. Se sentó como le habían dicho, pero no le gustó. Agarró la mano de Cuca por debajo de la mesa. Cuca le tomó la mano también. Ella también tenía miedo. Katie y Rosemary entraron por el pasillo de en medio riéndose ampliamente y se sentaron directamente enfrente de Lupe y Cuca. Eran sin duda las mejor vestidas en toda la escuela. Lupe se alegró de haberse puesto su vestido más nuevo.

Entonces la señora Muñoz llegó al frente del salón y se puso detrás de su escritorio hecho de fino pino blanco. Le dio los buenos días a Manuelita que estaba a su lado, después se volvió a la clase.

—Soy la señora Muñoz, —dijo, sonriendo amablemente—. Soy su maestra y aprenderemos trabajando juntos. —Mientras hablaba movía las manos elegantemente como si fueran pájaros en vuelo. Lupe estaba embelesada, perdió todo su miedo. La señora Muñoz era como su coronel, una persona que había llegado a su vida y le había conmovido el alma.

Y todo iba muy bien hasta que cada estudiante tuvo que ponerse de pie y presentarse a sí mismo. Repentinamente el mundo de Lupe se derrumbó.

—Y comenzaremos con la primera fila —dijo la señora Muñoz—. Así que, por favor, no sean tímidos, si son nuevos y se ponen un poco nerviosos, por favor, no se preocupen. Alguien que los conoce los ayudará con mucho gusto.

Lupe quería morirse. Estaba en la segunda fila. Así que empezó Katie, se paró primero; era alta, segura de sí misma, y tenía porte.

—Me llamo Katie Jones —dijo—. Vivo con mi padre y mi madre en el último edificio de la colina. Mi padre es el señor Jones y es el administrador de la mina de oro. Mi madre se llama Catherine y era maestra de escuela en San Francisco, California, donde tenemos nuestra residencia permanente en Nob Hill con vista a la bahía. Tengo diez años y éste es mi segundo año aquí en Lluvia de Oro. Pero sólo estaré aquí parte del año. Mi madre y yo tenemos que regresar a San Francisco para las fiestas navideñas. Muchas gracias. Estoy segura que tendremos otro gran año escolar juntos.

Todos aplaudieron y saludaron a Katie que se sentó, y Rosemary se levantó. Rosemary parecía segura de sí misma también, pero había algo diferente en ella.

—Me llamo Rosemary Chávez —dijo la hija más chica de don Manuel, mirando a su alrededor y sonriendo—, y mi padre es el contador de la mina. Él hace la nómina de pago y se asegura que todos sus padres, que tienen la suerte de trabajar en la mina americana, reciban su paga. Vivo en la casa más grande de la plaza central al lado del mercado que, como ustedes saben, claro, también le pertenece a mi padre. Tenemos la única casa en todo el pueblo que tiene mosaico en todas las habitaciones. Yo tampoco estaré aquí durante todo el año escolar. Me voy a San Francisco para pasar las fiestas navideñas; estuve allí el verano pasado para aprender inglés, el que, puedo añadir, hablo sin acento, igual que mis dos hermanas mayores. Gracias.

Después de decir esto se sentó y todos aplaudieron de nuevo. Le tocaba a Uva y después seguiría Cuca. Después le tocaría a Lupe y estaba tan espantada que ni siquiera alcanzó a oír lo que Cuca y Uva dijeron sobre sí mismas. Le tocaba a Lupe, pero no podía siquiera moverse, mucho menos decir nada.

—Está bien —dijo la señora Muñoz viendo la dificultad de la niña—, tómate tu tiempo. Todo está bien.

Lupe permaneció sentada mirando el piso y empezó a temblar —tenía mucho miedo.

—Bueno —dijo la señora Muñoz—, ¿alguien quisiera ayudarla?

—Sí —dijo Rosemary, poniéndose de pie rápidamente—, ¡yo la ayudaré! Se llama Lupe Gómez. Es la hermana de Carlota Gómez y viven tan alto en el cerro que no tienen un verdadero hogar. Viven en un jacal y se ganan la vida alimentando a los mineros y lavando su ropa porque no tienen padre y son muy pobres.

El golpe que recibió, la rabia, la furia que explotó en el alma de Lupe cuando oyó estas terribles mentiras hizo que se pusiera de pie antes que supiera que se había movido.

—¡No! —gritó—. ¡Eso no es verdad! —Temblaba de miedo, pero no le importaba—. ¡Tengo padre!¡Y tenemos un hogar! —El corazón se le desbordaba—. Rosemary está equivocada —dijo con lágrimas en los ojos—. Me llamo Guadalupe Gómez Camargo, y mi padre es don Víctor y es un carpintero excelente. De hecho, probablemente él fue quien hizo estas mesas y bancas en las que nos sentamos. Pero cuando se acabaron de construir los edificios de los americanos, ya no había más trabajo para él, por eso se fue a las tierras cálidas en busca de trabajo. Y sí, somos pobres y damos de comer a los mineros y les lavamos la ropa, pero mi padre construyó nuestra casa con sus dos manos, y tenemos un techo que es lo suficientemente bueno para mantener la lluvia fuera y paredes que no dejan entrar al viento.

—Mi madre es una excelente cocinera y todo el mundo la respeta y tiene macetas en frente de nuestra ramada y . . . y . . . nos hace que recemos tres veces al día, ¡y eso es lo que hace un hogar!

Al decir esto, Lupe se echó a llorar, se levantó de su asiento y se echó a correr por el pasillo entre las largas mesas y bancas.

Jimmy aplaudía y chiflaba. —Qué bien Rosemary, —gritó—, empiezas las cosas y después se te sale el chirrión por el palito.

—¡Jimmy! —dijo la señora Muñoz—, ¡cállate! Y Rosemary, estoy avergonzada de ti. ¡Te quedarás después de la escuela!

—Pero ¿por qué? Sólo dije la verdad. ¡Es lo que dice mi padre!

—Ni una palabra más, Rosemary —dijo la maestra.

—Pero no hice nada malo —suplicó—. Se lo diré a mi padre —añadió enfurecida.

—Muy bien —dijo la maestra pacientemente—, pero te quedas de todos modos. Ahora ni una palabra más.

Afuera Manuelita alcanzó a Lupe antes que saliera del portón de la entrada.

—Lupe —dijo Manuelita—, ¡qué bien lo hiciste! Estoy muy orgullosa de ti. Pusiste a esa pesada de Rosemary en su lugar y lo hiciste comportándote como toda una dama.

Pero Lupe no oía lo que su amiga le decía. Tenía hipo y miraba hacia el otro lado del cañón. A pesar de su enojo, Lupe se dio cuenta que nunca antes había visto los imponentes peñascos desde este ángulo. Dios mío, si los tres enormes picos eran aún más altos y grandiosos de lo que se había imaginado. Pero viéndolos a través de la cerca de alambre, también parecía que estaban en una prisión.

—Ay, Lupe, estoy tan orgullosa de ti —repetía Manuelita y abrazaba a Lupe—. Fuiste valiente y buena, y te quiero por eso. Quiero que seamos buenas amigas.

Y así empezó una amistad, un nuevo tipo de amor. Lupe se relajó y lloró en el hombro de la niña mayor hasta que se sintió bien y contenta por dentro. Esta niña mayor había hecho que sus almas se tocaran y ya no importaba lo que Rosemary hubiera dicho. Ahora tenía una verdadera amiga y lo sabía. Y había cumplido su palabra al coronel y también había sido valiente.

Nota del autor

Esta historia siempre me ha conmovido de una manera especial porque mientras entrevistaba a mi madre, a más de sesenta años después de los acontecimientos, sus ojos todavía se iluminaban con rabia hacia Rosemary y con alegría al recordar al coronel y a Manuelita, que más tarde fue mi madrina.

—Hay muchas clases de amor —mi madre me explicaba—, y el amor realmente nos ayuda en nuestras horas más oscuras. Y ésa fue una de mis más oscuras, era tan tímida y nunca había estado lejos de casa. Y más tarde me enteré por qué Rosemary estaba tan enojada conmigo y con mi familia. El coronel había escogido nuestra casa para instalarse y no la de ella con sus mosaicos y riquezas. El alcalde de nuestro pueblo se debe de haber vuelto loco de envidia, el pobre hombre.

Esta historia me impresiona también porque es eterna. Todos hemos experimentado nuestro primer día de clases o de trabajo o de cualquier otro evento.

Gracias,

¡Qué orgulloso estoy de mi madre!

El mayor poder de la mujer

Había luna llena, los coyotes aullaban y los perros del pueblo ladraban. Doña Guadalupe se dio cuenta que sola no podía ayudar a dar a luz al bebé de Socorro. La luna llena marcaba la época más poderosa del mes y pasaban cosas raras a las mujeres que daban a luz en este tiempo. Doña Guadalupe mandó que Lupe y Victoriano fueran a traer a la comadrona mientras ella y sus tres hijas calentaban agua y se preparaban para la llegada del bebé. Bajo la luz brillante de la luna, Lupe y su hermano subieron por el sendero hasta el camino principal y después salieron de la boca del cañón.

La comadrona se llamaba Angelina. Vivía con su esposo en una pequeña ranchería cerca del cañón. Tenían su casa enclavada en una pequeña hondonada al lado de la montaña.

Al bajar con dificultad hacia la hondonada Victoriano gritó fuertemente para que los perros del rancho no los atacaran. Angelina oyó los gritos y salió a calmar los perros. Durante esta época del mes la comadrona estaba muy ocupada. Cuando había luna llena nacían más niños que en ningúna otra época. La comadrona era una india tarahumara pura y estaba casada con el borracho del pueblo. Le decían El Borracho y era el mejor guitarrista de la región. No había una sola familia en todo Lluvia de Oro en cuya boda no hubiera tocado El Borracho o Angelina ayudado a traer al mundo a sus bebés.

—¿Quién me necesita? —preguntó Angelina. Le faltaban los dos dientes del frente y su sonrisa parecía un agujero oscuro a la luz de la luna.

—La esposa del coronel —dijo Victoriano.

—Ay, está muy gorda —dijo la comadrona riéndose—. La vi el otro día cuando le llevé una carta de amor a tu hermana María. —Angelina era también la Celestina del pueblo, llevaba y traía mensajes de amor a los futuros amantes—. Bueno, vámonos —dijo y salió corriendo.

De regreso al cañón ni Lupe ni Victoriano, que eran buenos corredores, pudieron mantenerse al parejo con la vieja comadrona. En una ocasión, hacía mucho tiempo, cuando llegaron los primeros americanos de California para trabajar la mina, Angelina había corrido una carrera contra seis jóvenes ingenieros que decían ser buenos atletas. Era una distancia de veinticinco millas. Ella llevaba cinco meses de embarazo y aún así llegó más de una hora antes que todos los demás.

Al llegar a la ramada la vieja comadrona respiraba con facilidad. Rápidamente examinó a Socorro. Le dio a masticar el corazón de un cacto seco —el mismo que usaban los grandes corredores tarahumaras cuando corrían en carreras dignas de hombre, lo que significaba cien o más millas— y les dijo que todos, menos las mujeres que le iban a ayudar, salieran del jacal.

—Bueno, fuera, mi'jita —le dijo doña Guadalupe a Lupe, guiándola hacia fuera junto con Victoriano y don Benito.

—Pero yo no, mamá —dijo Lupe—, quiero quedarme.

—Déjala que se quede —dijo la comadrona, untando un linimento a las piernas y pies de Socorro—. Ninguna muchacha es demasiado joven para aprender las costumbres de la mujer. Créemelo, yo lo sé. Son las que nunca ven, las que terminan por tener más dificultades en la vida y con los hombres.

—Por favor, mamá —dijo Lupe sin quitar los ojos de la comadrona y del brillante aceite vegetal con que frotaba las extremidades de Socorro. La grasosa sustancia olía bien fuerte y era como un cepillo—. Le prometí a mi coronel que le ayudaría a su esposa.

A doña Guadalupe no le gustó la idea, pero estaba demasiado ocupada para discutir. Socorro lloraba de dolor y los coyotes parecían responderle a la distancia. La noche entera estaba llena de ruidos espeluznantes.

—Bueno —dijo doña Guadalupe—, pero te sales en el momento que ya no puedas aguantar, ¿me entiendes?

—Sí, mamá —dijo Lupe y se acercó para ayudar a sus hermanas.

Había muchas cosas qué hacer. Había que amarrar el mecate grueso al fuerte poste central del jacal, calentar agua, y ayudar a la comadrona a dar masaje y aliento a Socorro. Una madre con dolores de parto tenía que estar relajada para que la criatura llegara feliz al mundo.

Lupe sentía la nerviosa expectativa dentro del tenuemente iluminado jacal mientras las mujeres trabajaban. Éste era un lugar donde no se admitían hombres, era sólo para mujeres. A Lupe le habían dicho toda su vida que los hombres eran débiles y simplemente no podían aguantar el dolor como una mujer.

Afuera de la ramada Victoriano y don Benito estaban mirando las estrellas y escuchaban los gritos de dolor de Socorro.

—Quiero a Lydia —dijo don Benito—, pero esos gritos me espantan más que las balas.

Dos días antes, don Manuel le había disparado dos tiros al viejo cuando éste le había traído serenata a su hija, Lydia, bajo la ventana de su habitación. El pueblo entero hervía de chismes acerca del viejo don Benito, tratando de enamorar a la hija del alcalde, a quien el alcalde había educado para que se pudiera casar con un americano.

—Yo nunca le haré esto a mi Lydia —dijo don Benito—. Es horrible lo que tienen que sufrir las mujeres para dar a luz.

Adentro la comadrona trataba de hacer que Socorro abriera la boca grande para dejar escapar el dolor. —Abre la boca —dijo Angelina, dándole masaje al cuello y hombros de Socorro—, y deja escapar lo que sientes. No te quedes con él, querida, suéltalo.

Al principio Socorro lloraba suavemente, pero poco a poco se fue relajando y empezó a dar gritos largos que perforaban los oídos.

—Bien —dijo la comadrona—, ahora respira profundamente y después vuelve a gritar para echar fuera todo el dolor de tu cuerpo.

Socorro hizo lo que se le decía gritando de nuevo. Lupe se sorprendió a sí misma cuando no se estaba poniendo nerviosa por los gritos. No, se sintió aliviada. Los gritos le parecieron la cosa más natural. Pero Lupe se dio cuenta que los gritos ponían muy nerviosa a su hermana Carlota.

—Bien, mi'jita, bien, —dijo la comadrona—. Ese último grito vino de aquí, del estómago. Ahora date

vuelta despacio de un lado al otro. Sí, así y deja
escapar largos y suaves gruñidos guturales como si
fueras puerco. No, no se rían. —Sonrió—. La puerca
es muy buena madre, mi hijita, y también es muy
fuerte y valiente.

—Ahora gruñe, así, gruñe fuerte y profundamente,
y con cada sonido imagina que tu cuerpo se abre, se
abre, más y más como una rosa, como una flor que se
abre a la luz del sol, como si le fueras a hacer el amor
a una sandía enorme.

A doña Guadalupe no le gustaba. Sofía y María se
sonrojaron. Carlota chilló de vergüenza. Lupe no
entendía. Pero aun Socorro, en medio de su dolor,
tuvo que sonreír. La idea de hacerle el amor a una
sandía parecía espantoso.

—Ah, ¿crees que es chistoso? —dijo Angelina
volteándose a ver a Carlota que no podía callarse—.
Bueno, niñas, recuerden lo que están viendo la próxima vez que un muchacho les haga ojitos. Para el hombre es todo placer. Pero la mujer tiene que llevar la
responsabilidad de ese placer y confirmarlo ante Dios
en el ¡DOLOR! —Gritó la palabra para espantar a las
jovencitas.

Doña Guadalupe fue a ver el agua en la estufa de
madera al otro lado del cuarto. Nunca le había caído
bien esta comadrona ni su famosa lengua. Pero era la
mejor comadrona en el área y sabía que Socorro iba a
tener un parto difícil.

Los gritos de dolor continuaban y doña Guadalupe
y María y Sofía le ayudaban a la comadrona a dar
masaje y tranquilidad mientras Lupe y su madre
mantenían el agua hirviendo para mantener el jacal
caliente y húmedo. Pero Carlota no ayudaba. Estaba

allí, tapándose los oídos sin aguantar más los gritos
de Socorro.

Y entonces Lupe olió algo que nunca antes había
olido. Y el olor crecía mientras los sollozos y gemidos
de dolor continuaban.

Entonces, repentinamente, los llantos cesaron y
un ritmo de sonidos guturales seguidos empezó
—despacio al principio, después más rápido y más
fuertes. Y afuera Lupe podía oír los coyotes en la distancia y los perros y los chivos y el ganado del pueblo.
Era una sinfonía de sonidos que se tropezaban y
crecían y hacían ecos en los enormes acantilados.

—Bebe, mi'jita —dijo la comadrona a Socorro—,
estás perdiendo el agua.

—No —dijo Socorro—. Tenía dolores intensos y
quería que la dejaran sola. Pero se le había roto la
fuente, así que la comadrona insistió.

—Abre la boca —le dijo—, y haz lo que te digo.
Bebe, bebe, sí, así, toda.

Era una poción especial de hierbas silvestres y
raíces que tomaban las mujeres en esta región de
México durante el parto.

Socorro se la bebió a regañadientes. Las horas
pasaban y la luna cambió de posición en los cielos.
Los dolores del parto continuaron y el cuerpo de
Socorro se abrió, huesos y carne en movimiento —uno
de los grandes milagros de la vida— abriéndose como
una rosa, una flor dando la bienvenida al nacimiento
de una nueva vida. Y todas las mujeres en el jacal
sabían que Dios, el Padre, estaba aquí con ellas, dándoles fortaleza con el espíritu de la Virgen María y
ayudándolas en este tiempo de necesidad. Y llegó el
momento y Angélica metió la mano adentro de

Socorro para verificar el movimiento de los huesos que se expandían.

—Estás lista —le dijo la comadrona—. Se te han movido los huesos y el bebé está en su sitio correcto.

—A la vieja le corrían perlas de sudor por la cara—. Vas bien, mi'jita —añadió—. Muy bien. El espíritu de Nuestra Señora está con nosotros. Pero ella nunca fue virgen. —Se rió—. Carajo, dar a luz a Dios debe haber movido más huesos que una montaña, estoy segura —dijo riéndose con su voz rasposa—. Ahora vengan, Sofía y María, ustedes ayúdenme a levantarla y ponerla en la soga para que sepan hacerlo cuando les llegue la hora.

Sofía y María se adelantaron y levantaron a Socorro por debajo de los brazos ayudándole a llegar a la gruesa cuerda que colgaba del centro del jacal.

—Agarra la soga —le dijo Angelina.

Lupe se dio cuenta que Socorro tuvo que echar mano de toda su fuerza para obedecer a la comadrona y agarrar la gruesa soga.

—Ahora ponte en cuclillas —le dijo Angelina—, como si fueras a hacer una caca enorme.

María y Sofía se rieron.

—No se rían —dijo la comadrona—, y agárrenla fuerte para que se pueda poner en cuclillas al estilo indio. Ésta es la mejor postura para dar a luz ¡y no me importa lo que digan los sacerdotes o los doctores!

La anciana mujer se sentó cerca de Socorro y le masajeó su gran estómago y sus nalgas y le dijo que empezara a empujar y a gruñir al unísono. La joven mujer embarazada agarró la cuerda y la jaló y gruñó mientras se esforzaba hacia abajo con todo el poder que no se creía capaz de tener. Y Lupe la vio sentada en cuclillas allí, con la cara fruncida como si estuviera constipada empujando hacia abajo con más fuerza de la que creía tener.

—Bien, mi'jita —dijo la comadrona—, empuja hacia abajo y jala la cuerda y mantén la vista al frente y no pienses en nada aparte de lo que yo te estoy diciendo. No luches. Tu cuerpo y tu bebé lo saben todo. Bien, respira normal y lo volveremos a hacer.

Lupe y su madre trajeron otra olla de agua caliente y el jacal olía a calor y a humedad. Lupe podía oír el respirar rápido y corto de Socorro mientras recuperaba su fuerza entre pujo y pujo. Y después volvía otro largo periodo de gruñidos forzados mientras ella pujaba y jalaba.

—Bien —dijo la comadrona a su oído hablando tan bajo que casi sonaba como si fuera la misma Socorro hablándose a sí misma.

Después se volvieron a oír otra vez varios quejidos horribles.

Entonces entre las musculosas piernas de Socorro apareció un pequeño punto peludo y mojado mientras la comadrona le hablaba más y más rápido dándole masaje al enorme vientre de Socorro con una mano y con la otra ayudándole entre las piernas.

Lupe se paralizó mirando fijamente con incredulidad, oyendo y sintiendo el poder de este milagro de milagros. Los ojos se le llenaron de lágrimas.

La cabeza del bebé empezaba a salir, a aparecer en el resplandor de la luz amarillenta de la lámpara que colgaba, y Lupe estaba allí con los ojos abiertos de entusiasmo.

Pero al ver la cabeza del bebé, Carlota salió corriendo del jacal. —¡Jamás tendré hijos mientras viva! —gritó.

La comadrona hizo que Socorro se recostara en el colchón que había traído con ella y que descansara con las piernas abiertas y en alto. Lupe no le podía quitar los ojos de encima. Nunca había visto a una mujer en esta posición antes —peluda, abierta y mojada con la parte superior de la cabeza del bebé saliéndole.

Después de haberle dado a sus ensangrentadas piernas un descanso, la comadrona hizo que Socorro se pusiera en cuclillas una vez más y agarrara la fuerte soga. Jalaba y pujaba hacia abajo con toda la fuerza de su fuerte cuerpo joven y flexible; Socorro jalaba la soga con sus fuertes manos y empujaba hacia fuera una y otra vez, fuerte y consistentemente por largos ratos sudando abundantemente. La comadrona le limpió el sudor de la frente y María y Sofía la sostenían por debajo de los brazos mientras doña Guadalupe le ayudaba a la comadrona con el bebé.

De pronto el bebé asomó toda la cabeza. Larga y dispareja, húmeda y brillosa como un conejo cabezón cubierta por una mezcla transparente, plateada y escurridiza de un velo que no olía a nada. Y ahora Socorro lo hacía todo por sí misma, gritaba, jalaba, y empujaba como si lo hubiera estado haciendo por miles de años.

Y los gritos eran buenos, venían de sus intestinos y los pujos eran buenos también, venían con toda la fuerza de su cuerpo joven y fuerte. Hasta el bebé ayudaba. Se movía dentro del velo transparente, luchando por vivir. Y Socorro gritó tan fuerte que su grito subió a los altos acantilados y su eco regresó en una sinfonía de sonidos. Y el bebé salió resbalándose, escurriéndose entre sus tensas piernas como una enorme caca.

Los coyotes se callaron y los perros dejaron de ladrar. Las chivas y las mulas también se callaron al oír los grandes gritos de Socorro que ahora regresaban de los enormes acantilados en forma de eco.

Entonces todo terminó como si nada, y Lupe quedó sorprendida del aroma casi imperceptible que llenó el cuarto. Con toda la sangre y carne, y el líquido pegajoso que había salido del cuerpo de Socorro, Lupe esperaba un olor más fuerte. Pero entonces recordó que las mujeres de las montañas siempre tomaban muchas hierbas durante el embarazo.

Con el recién nacido en alto, en la tenue luz, la comadrona estiró el cordón umbilical de veinte pulgadas desde el estómago del bebé hasta la placenta y lo tomó suavemente entre las manos.

—Miren —les dijo a las tres mujeres jóvenes que le ayudaban—, si ven atentamente, pueden ver la vida pasando por el cordón umbilical.

Lupe se acercó y vio que era cierto. Realmente podía ver el cordón palpitando con vida entre Socorro y la criatura. Pero entonces como si por obra de magia el fluir de la vida cesó entre la madre y el bebé. Lupe miró a la comadrona cortar el cordón con las tijeras de costura de su madre. Rápidamente amarró el cordón cerca del estómago del bebé con una cuerda. Entonces puso al bebé sobre el cuerpo blando y caliente de su madre. El bebé rápidamente se agarró al cuerpo tratando de hallar instintivamente un nido tan caliente y húmedo como el que acababa de dejar.

María y Sofía le ayudaron a la comadrona a acostar a Socorro en el colchón de paja de su madre. Doña Guadalupe empezó a limpiar al bebé con agua tibia mientras éste se abrazaba y olía a su madre para familiarizarse con ella —era su primer contacto en el mundo.

Doña Guadalupe puso los piecitos del bebé en una vasija de agua caliente y el niño seguía abrazándose a su madre. Nunca lloró. Escuchaba el latir del corazón de su madre, la misma música que había escuchado en el vientre. No, estaba calmado, contento, hacía lo que la madre naturaleza le había enseñado desde tiempos prehistóricos —mantenerse callado para que los coyotes y otros depredadores no lo hallaran.

Lupe nunca antes había visto una mujer más exhausta que a Socorro pero feliz con su bebé en brazos.

—Véngan —dijo la comadrona—, vamos a dejarlos solos.

Lupe salió del jacal detrás de su madre, sus hermanas y la comadrona. Ya fuera la vieja mujer estiró los brazos cansados y recuperó el aliento. Lupe y su madre y hermanas hicieron lo mismo mirando las estrellas y la luna llena.

—Ésta, tu hija más chica —dijo la comadrona volteándose a ver a doña Guadalupe mientras se estiraba y se daba masaje a la parte inferior de la espalda—, va a ser una gran mujer. —Lupe quería tanto ser parte del alumbramiento que olfateaba el aire.

—Ahora, por favor denle a esta pobre mujer un trago, doña Guadalupe —continuó la comadrona—, y descansemos un poco porque en unos momentos llegará el nuevo bebé.

—¿Otro? —dijeron María y Sofía al mismo tiempo.

—Sí —dijo la anciana—, otro.

Rápidamente, doña Guadalupe fue a la cocina y sacó la botella de tequila que tenía escondida allí. Se echó un trago junto con la comadrona. Lupe estaba estupefacta. Nunca antes había visto a su madre beber alcohol.

Estaban apenas recuperándose cuando oyeron los nuevos gritos de Socorro.

Todas se metieron de nuevo.

★★★★★

La luz de la luna llena se movía como bailando sobre los enormes acantilados cuando Lupe y María salieron del jacal con un niño cada una. Victoriano llegó apresuradamente con don Benito y Carlota. Vieron a los pequeños en los brazos de María y Lupe. Se quedaron anonadados por el milagro de la vida.

Los recién nacidos se movían, se retorcían llenos de vida. En realidad era una señal de Dios. En su chiquero, la chiva oyó el ajetreo y dio un berrido. Los perros empezaron a ladrar una vez más y los coyotes les contestaron. Entonces se les unieron las voces del ganado y las mulas y el cañón se llenó de una sinfonía de sonidos. A Carlota se le olvidó el miedo y se acercó a María y tomó al bebé en brazos. Lupe le dio el otro a su hermano.

Lupe y su madre, hermanas y hermano se quedaron de pie el resto de la noche junto a la comadrona hablando, bebiendo y calentando los pies en una pala llena de carbones calientes frente a la ramada. Las estrellas y la luna les hicieron compañía y la tierra compacta frente a la ramada se sentía bien bajo los pies descalzos.

Lupe se quedó sentada con su madre y hermanas mientras Socorro y sus dos recién nacidos dormían en el jacal, y escuchaba la conversación y la risa de las mujeres. La comadrona se sirvió tequila en su taza caliente de té de hierbas y contó cuento tras cuento de los diferentes bebés que había traído a este mundo y ahora eran adultos en la comunidad. Lupe se sentía bien de haber sido incluida por estas mujeres en el misterio de la vida. Se sentía más completa dentro de lo más profundo de su ser; nunca antes se había sentido así.

Entonces el cielo del este empezó a clarear. Era la llegada de un nuevo día. Se levantaron para estirarse y para ir a trabajar. Sin embargo, en vez de sentirse cansada, Lupe se sintió fuerte y descansada.

—Recemos —dijo doña Guadalupe, y todos se hincaron.

Mientras rezaban, Lupe veía el cielo del este empezar a adquirir colores amarillos y rosados, se sintió llena de tal poder, de tal fuerza y bienestar que sabía en lo más profundo de su ser que la vida es eterna.

Al sentirse tan cerca de estas mujeres los ojos se le llenaron de lágrimas. El mundo entero cantaba y bailaba ante sus ojos y el ciclo de la vida continuaba, y el nuevo día llegó —un milagro de vida, nacer de la oscuridad, así como habían visto el milagro de la vida que emergía de entre las piernas fuertes y jóvenes de una mujer. La vida era verdaderamente eterna. Y ellas, las mujeres, estaban en el centro de todo.

Nota del autor

Mi tía Carlota cumplió su palabra y nunca tuvo hijos. Esta escena del nacimiento, esta noche de poder y magia pusieron en movimiento muchas cosas dentro del alma de mi madre Lupe y de todos los demás involucrados.

¿Qué tal si todas las jóvenes participaran activamente en un nacimiento antes de su prepubertad? Pues estas jóvenes mujeres crecerían con un punto de vista completamente diferente acerca del sexo, de la vida, de la muerte, del dolor y de la inmortalidad. ¿Qué tal si los jóvenes participaran también ayudándoles a sus madres y hermanas? Estos muchachos crecerían con un profundo respeto por las mujeres, el sexo y la vida. Serían unos hombres adultos y esposos totalmente diferentes.

También recuerden cómo los animales y la noche y la luna fueron partícipes en el nacimiento. Esto lo vi en el pueblo de La Reforma, y esa noche llegué a entender de veras que todos estamos interconectados, si usamos los ojos para ver y los oídos para oír y el corazón para sentir lo entenderemos.

Me tomó seis meses para escribir esta escena del nacimiento y más o menos sesenta revisiones y docenas de entrevistas, no sólo con mi madre y tías sino también con varias comadronas y mujeres indias que vivían en esa región de México. También se me olvidó incluir en la historia que las indias cocinaban la placenta y se la daban de comer a la madre porque ésta le daba una fuerza increíble que la pasaba al bebé por medio de la leche y le daba inmunidad completa durante los primeros meses.

Gracias. ¡Caray, cómo me costó trabajo esta historia!

En la horca

El sol estaba en su apogeo y Victoriano, el hermano de Lupe, estaba a cientos de pies debajo de la planta trituradora de la mina. Buscaba en la montaña de deshechos que los americanos habían tirado en la barranca. Estaba agachado buscando entre las rocas, piedra por piedra, parecía una pequeña hormiga entre el montón de deshechos que se había acumulado en la última década.

Trabajaba rápido y sudaba copiosamente. Buscaba las piedras más ricas que pudiera encontrar para que él y su familia pudieran sacar algún dinero cuando las llevara a casa y las rompieran con sus martillos.

De pronto, el administrador de la mina, el señor Jones, apareció a lo alto de donde se encontraba. La Liebre y dos de sus pistoleros estaban a su lado, fumaban puros y parecían bien alimentados al compararlos con lo que eran hacía apenas unas semanas: unos harapientos revolucionarios muertos de hambre.

—¡Oye, tú, allí abajo! ¿Qué estás haciendo? —gritó el señor Jones.

Victoriano volteó hacia arriba y vio a los cuatro hombres. El corazón se le cayó. —Nada —dijo—, sólo busco entre la piedra que ustedes tiraron esperando hallar un poquito de color.

—Ve por su canasta y tráemela aquí —le dijo el señor Jones a uno de los pistoleros.

Rápidamente el pistolero bajó por la ladera y entre

los pedazos de piedras filosas. La Liebre levantó el fuete como señal para que el otro pistolero bajara también.

Victoriano no sabía qué hacer. Por un lado quería correr. Pero por el otro sabía que no había hecho nada malo. La gente había estado buscando entre los desechos desde hacía mucho tiempo.

—¡Súbanlo acá! —les gritó La Liebre a sus hombres—. Creo que a éste ya lo he visto antes.

Un soldado pelirrojo regordete agarró a Victoriano empujándolo por entre las piedras rotas hacia arriba de la ladera. Éste era el mismo soldado pelirrojo que había abusado de una niña de doce años la semana anterior. Era el segundo después de su capitán La Liebre.

—Qué bien, qué bien —dijo el señor Jones hurgando en la canasta de Victoriano mientras los dos soldados estaban a su lado—. ¿Qué es lo que tenemos aquí? Éste es mineral muy bueno. Dime, muchacho —dijo en su acento tejano—, ¿tienes algún trato con alguien en la mina para que te tire nuestra mejor piedra?

—No, por supuesto que no, —dijo Victoriano.

Pero entonces echó un vistazo a su alrededor, vio sus caras y Victoriano se dio cuenta de lo que querían. Nada que pudiera decir iba a parar a estos hombres sanguinarios. Hasta se burlaban de él con desprecio como si fueran enormes felinos hambrientos listos para abalanzarse sobre un ratón.

—¡Pero es la verdad! —gritó Victoriano—. He trabajado mucho para encontrar estas piedras. ¡Por favor, bajen conmigo y les enseñaré!

Pero vio al señor Jones hacerles una señal con la cabeza a los otros y se dio cuenta que era inútil. Ya se habían decidido, aún antes de bajar por él. De pronto La Liebre se adelantó sonriendo alegremente y le pegó en el estómago con el mango de su látigo.

—Está bien —le dijo el hombre al señor Jones mientras Victoriano se doblaba de dolor—, nosotros nos encargamos del resto.

Recuperando el aliento, Victoriano se volteó y brincó en la piedra rota y bajó por la empinada ladera. Pero había dado sólo tres pasos cuando La Liebre tranquilamente le alcanzó de los tobillos con un estallido de su látigo. Victoriano cayó bocabajo sobre las piedras y se rajó la cara y las manos. La sangre roja le escurría por la cara y la camisa blanca de algodón.

—¡Levántenlo! —ordenó La Liebre con una sonrisa burlona.

Los dos hombres armados bajaron y levantaron a Victoriano a empellones amarrándole los brazos por atrás de la espalda.

La Liebre se acercó fumando tranquilamente y miró la atractiva cara del joven.

—Vamos a hacer un escarmiento contigo, muchacho —dijo—. Te vamos a marcar primero y después a colgar. —Y al decir esto, se sacó el puro de la boca y lo aplastó contra la cara del muchacho.

Dando de gritos, Victoriano trató de jalarse bruscamente, pero los dos hombres lo sujetaban fuertemente.

—Y, ahora, a colgarte muchacho —La Liebre se rió recordando que había tenido más o menos la edad del muchacho cuando su madre y sus hermanas habían sido asesinadas y a él lo habían desfigurado—. ¡Tenemos que enseñarle a la gente lo que le pasa a un ladrón!

Se llevaron a Victoriano por los deshechos y cruzaron el riachuelo arrastrándolo hasta llegar a la plaza.

El señor Jones regresó a la planta demoledora por el camino principal que rodeaba el cañón para ver sin que nadie sospechara que él sabía lo que estaba pasando.

Lupe estaba en la parte de atrás de la panadería de doña Manza haciendo su tarea con el resto de los niños cuando oyó la campana de la torre en la plaza. La campana normalmente tocaba para una celebración o si se daba alguna catástrofe. Así que Lupe, los niños y la maestra le dieron vuelta rápidamente al edificio de piedra para ver qué pasaba.

Lupe de pronto vio que unos hombres echaban una reata al árbol que estaba encima de la cabeza de su hermano y se preparaban para colgarlo.

Lupe soltó un alarido cubriéndose la cara con las manos.

—¡Corre! —le dijo la señora Muñoz a Lupe al reconocer a Victoriano—. ¡Tráete a tu mamá. Doña Manza y yo veremos qué podemos hacer! —Lupe salió disparada y pasó corriendo al lado del señor Jones, que esperaba en el sendero que llevaba a su casa, y encendía otro puro a la sombra de un árbol.

—¡Mamá¡ ¡Mamá! —gritó Lupe al entrar corriendo en la cocina—. ¡Van a colgar a Victoriano en la plaza! —Doña Guadalupe estaba en la estufa. Había estado reuniendo lo poco que tenía para preparar la comida de los mineros esa noche—. ¿Quién? ¿De qué hablas? —dijo la mamá al ver la cara aterrorizada de Lupe.

—¡Victoriano! —gimió Lupe aterrorizada—. ¡La Liebre lo va a colgar!

Doña Guadalupe soltó el enorme caldero y miró a su hija sin creer lo que oía.

Entonces se movió, empezó a caminar, sin preguntar nada más. Se metió rápidamente al jacal sintiendo la sangre golpearle todo el cuerpo y explotándole en la cabeza.

—Rápido —dijo, —volteando al revés todo lo que tenía en el cofre de madera—, corre a la plaza y dile a don Manuel que los entretenga. ¡Dile que voy allá para darle a mi hijo su última bendición!

—¡Sí, Mamá! —gritó Lupe, salió corriendo del jacal por la ramada y voló cuesta abajo dando grandes saltos.

Doña Guadalupe respiró tranquila al hallar la pistola de su padre en el fondo del cofre. El hombre que la crió y a quien había llamado padre por más de treinta años; el hombre más grande y valiente que había conocido.

Jamás se le olvidaría, mientras viviera, la mañana en que se cruzaron sus destinos. Ella era una niña que apenas empezaba a hablar y los soldados habían llegado a su campamento en la madrugada prendiendo fuego a sus casas y matando a su gente, que eran indios yaquis, cuando salían gritando de sus jacales.

Balacearon a sus padres y los dejaron morir desangrándose. Su hogar estaba envuelto en llamas. Había salido de detrás del cuerpo muerto de su madre cuando el fuego le había alcanzado el cabello. Le había pedido ayuda a Dios antes de salir corriendo del jacal con los brazos abiertos, derecho hacia el enemigo.

El Hombre-Que-Dios-Le-Mandó volteó la cara y la

vio. Estaba a punto de bajar el rifle, pero en vez de eso se viró y le disparó al soldado que estaba a su lado y que le había apuntado a la niña.

El Hombre-Que-Dios-Le-Mandó agarró una cobija y sofocó el fuego de su pelo. Y mientras continuaba la masacre se montó a un caballo y salió con ella. Cabalgaron día y noche y cuando el caballo se cansaba se robaba otro.

Al llegar a su casa, El Hombre-Que-Dios-Le-Mandó sacó a su esposa y a sus hijos, empacaron, y partieron sin rumbo fijo. Se fueron a vivir a un pueblo nuevo en las alturas de la montaña. La llamaron Guadalupe y la criaron como a su propia hija.

Al recordar todo esto en estallidos centelleantes en el ojo de la mente, doña Guadalupe revisó la pistola de su padre, asegurándose que estuviera cargada. Entonces tranquilamente recogió su rebozo negro, envolvió la pistola y se la puso bajo el brazo.

Respiró hondo, recogió su Biblia, su rosario, y sacó un pequeño cuchillo de la cocina que puso debajo de la Biblia antes de salir del jacal.

La gente ya se había empezado a congregar afuera en la ramada para darle el pésame, pero no los vio al pasar entre ellos. Tenía el corazón y la mente fijas en la meta; era una madre, una mujer concentrada hasta el tuétano de sus huesos en hacer una cosa, y nada —absolutamente nada— podía distraerla ahora, ni siquiera la muerte.

Y allí venía, chaparra y regordeta, caminando aprisa por el empedrado sendero que zigzagueaba entre las casas. Y la gente la vio venir y se hizo a un lado.

Al llegar a la plaza vio que tenían a su pequeño y flaco hijo debajo de un árbol y con la soga al cuello.

También pudo ver que lo habían golpeado pues le corría mucha sangre por la cara y frente de la camisa. Le costó mucho trabajo no gritar de dolor y correr a socorrer al más pequeño de sus hijos.

Pero recordó al Hombre-Que-Dios-Le-Mandó y doña Guadalupe se contuvo y con toda dignidad siguió bajando los escalones que llevaban a la plaza.

Una docena de soldados bloqueaban a la familia y don Manuel alegaba con el hombre de la cara desfigurada cuando doña Guadalupe pasó entre la multitud.

Había soldados por todas partes. El señor Jones seguía fumando un puro. Esto iba a ser mucho más difícil de lo que ella había pensado.

—¡Por Dios¡ ¡Por fin llega! —exclamó don Manuel al ver salir a la madre de Victoriano de entre la multitud.

—¡Bueno! —dijo La Liebre—, ¡le puede dar su última bendición pero nada más! ¡Lo vamos a ahorcar!

Al ver a su madre, Lupe se puso a gatas para pasar entre las piernas de los soldados que la mantenían a ella, a sus hermanas y a la multitud lejos de la plaza. Pero uno de los soldados la vio y la agarró de los cabellos jalándola tan violentamente que Lupe sintió que le arrancaban el cuero cabelludo.

—¡No vuelvas a hacer eso! —dijo doña Sofía levantando a Lupe en brazos—. Lo único que podemos hacer ahora es rezar para que ocurra un milagro, mi'jita.

—¡Mi mamá lo va a salvar! —gritó Carlota—. ¡Sé que lo va a hacer!

María tenía a Carlota en brazos. Isabel estaba parada detrás de María para consolarla.

Don Manuel seguía alegando y trataba de probarle

a la gente que era sólo un hombre cualquiera y no un títere de la compañía americana.

Y todo este tiempo el señor Jones seguía a un lado, ahora flanqueado por dos de sus ingenieros jóvenes. Uno de ellos estaba arreglando su cámara ansiosamente para tomar fotos.

Y entonces apareció El Borracho levantándose de detrás del enorme árbol donde iban a colgar a Victoriano. Había estado durmiendo una borrachera todo este tiempo. Echó un vistazo, pero no podía entender lo que estaba pasando.

Doña Guadalupe fue hacia el frente. Estaba a punto de abrazar a su hijo cuando el hombre que llamaban La Liebre, se paró frente a ella.

—¡Espere! —le dijo—, ¿qué lleva allí junto a la Biblia?

—Mi rosario —dijo.

—Déjeme ver —dijo La Liebre.

—¡No, déjela en paz! —gritó don Manuel—. ¿No cree que ya le han hecho suficiente daño?

—Más te vale callarte, viejo —dijo La Liebre volteándose a ver al alcalde—. ¡Lo agarramos con el oro!

Mientras hablaban doña Guadalupe fue rápidamente hacia su hijo abrazándolo y cubriéndolo con su rebozo y le susurró al oído. Pero Victoriano estaba tan inconsciente que no la reconoció y tampoco entendió lo que le decía.

Doña Guadalupe lloró de pena fingiendo perder el control.

La Liebre podía ver que la multitud estaba más descontrolada y que sus hombres batallaban en mantenerlos alejados. La gente salía de todas partes —de

los techos, de las paredes— y eran sesenta veces más
numerosos que sus hombres.

—Bueno —dijo La Liebre—. Para que vean que
soy un hombre justo, le puede dar la bendición a su
hijo. ¡Pero después, nada más! —Sacó su revólver—.
La ley debe ser respetada. ¡Es un ladrón y tiene que
morir ahorcado!

Al oír esto El Borracho se rió y le dio la espalda al
líder de muchas cicatrices, levantó la pierna derecha
y soltó un tremendo pedo.

—¡Esto es lo que pienso de ti y tu ley! —dijo El
Borracho moviendo el trasero en forma circular y
pedorreándose—. Tú no puedes cagar si no te da permiso el señor Jones. ¡Feo aborto del demonio!

Todo mundo en la plaza oyó sus palabras y estaba
a punto de reírse cuando La Liebre levantó la pistola
y disparó una, dos, tres veces impulsando violentamente hacia adelante el cuerpo de El Borracho con
cada disparo.

La sangre y la espuma le borboteaban al Borracho
de la boca cuando cayó sentado con los ojos abiertos
por la sorpresa.

El silencio envolvió la plaza. Nadie se atrevía a
respirar. Después de un momento la gente empezó a
gritar, a bramar, a levantar los puños con ira. El
Borracho era uno de los hombres más queridos de la
comunidad. Él y su esposa habían ayudado a dar a
luz a sus hijos y habían tocado y bailado en sus bodas.

En ese momento, doña Guadalupe sacó el cuchillo
de debajo del rebozo y trató de cortar el mecate que le
ataba las manos a su hijo. Pero las manos de su hijo
estaban tan fuertemente amarradas que no pudo
meter la hoja entre ellas.

—Voltea la muñeca —le dijo—. ¡Rápido, no hay mucho tiempo!

Pero Victoriano no movía las muñecas y doña Guadalupe, desesperada, le agarró la oreja entre los dientes, y con toda su fuerza, se la mordió y se la torció.

El dolor le hizo abrir los ojos grandemente. De pronto vio a su madre y se dio cuenta de lo que sucedía. Su madre le dijo una vez más lo que tenía que hacer y esta vez Victoriano entendió sus palabras y su mente volvió al presente.

Volteó las muñecas. Podía sentir el serrucho del cuchillo. Pero lo habían amarrado con cuero crudo retorcido y difícil de cortarlo.

Entonces Victoriano vio que La Liebre venía hacia ellos con la pistola en la mano.

—Bueno —dijo La Liebre agarrando a doña Guadalupe de los hombros—. ¡Ya estuvo bien! ¡Aléjate de allí!

La gente dio un alarido y le gritó a La Liebre que la dejara terminar su bendición. El rugido era tan fuerte que el hombre levantó los brazos y se alejó

—Mi'jito —susurró doña Guadalupe—. Tengo una pistola entre mi rebozo. Te la daré en cuanto te sueltes las manos. Entonces yo brincaré hacia atrás dando gritos. Y tú te vas corriendo hacia el arroyo.

—Estaba cortando la última atadura—. Entiende, mi'jito, que no te libero para que seas valiente y te maten. Quiero que te eches a correr para que puedas vivir. Tú te echas a correr, ¿me oyes? Corre hacia el arroyo cuando yo brinque hacia atrás.

Repentinamente Victoriano sintió las manos libres.

—No te muevas todavía —dijo—. Mueve las manos, deja que corra la circulación. Recuerda que te quiero.

Hizo como le dijeron. Ella pudo ver que ahora los ojos de su hijo estaban alertas. Pensó que ahora sí estaba listo. —Aquí esta la pistola. Tómala. Te quiero, mi'jito. ¡Corre cuando yo brinque hacia atrás!

Y brincó hacia atrás con los brazos en alto cubriéndolo mientras le gritaba al cielo, —¡Que te proteja Dios, hijo mío!

Pero de nada sirvió. La Liebre había estado en muchas batallas. Así que cuando vio a la anciana brincar hacia atrás con los brazos en alto, sacó la pistola sabiendo que era un intento de fuga y se adelantó aventándola a un lado.

Y en esa fracción de segundo, cuando Victoriano se preparaba para correr vio que detrás de su madre corría La Liebre hacia él, y se paró. Se detuvo y se dio vuelta, sabía que nunca podría escapar de este hombre tan rápido. Disparó por encima del hombro de su madre en el momento que la cara de La Liebre aparecía frente a él.

La cara del hombre explotó con sangre roja y pedazos de hueso blanco y Victoriano salió corriendo, disparando al aire mientras corría para alejar a los soldados de su querida madre.

La gente se dispersó —soldados y gente del pueblo por igual. Lupe y sus hermanas salieron corriendo de la multitud para ir con su madre mientras que la mitad de los hombres armados perseguían a su hermano.

Pero Victoriano había desaparecido corriendo entre el espeso follaje debajo de la plaza y brincando sobre rocas que había conocido toda la vida. Entonces brincó al agua y pasó la serie de pequeñas cascadas donde las rugientes aguas blancas terminaban en un fluir azul tranquilo.

Los soldados dispararon unos cuantos tiros al cuerpo que nadaba y se volteaba, pero después dejaron la persecución y regresaron a la plaza.

Al regresar hallaron la plaza llena de gente. El gordito pelirrojo estaba al mando ahora que La Liebre había muerto. Había arrestado a la anciana y al alcalde.

—¡Pero yo no sabía que traía una pistola! —gritaba don Manuel mientras los arrastraban a él y a doña Guadalupe por el empedrado.

Bajo el enorme árbol, los soldados le pusieron una soga al cuello del alcalde y de doña Guadalupe. Pero la gente ya no soportaba más; estaba dispuesta a morir con tal de que el alcalde y doña Guadalupe vivieran. Pasaron por entre los hombres armados como la lluvia pasa entre una mano abierta —cientos de ellos llenaron las calles y se treparon en los techos y en los muros de piedra.

La señora Muñoz llevó a todos sus niños debajo del gran árbol donde se preparaban a colgar a don Manuel y a doña Guadalupe. Se sentó con ellos en el empedrado y empezaron a cantar.

Doña Manza y su familia se unieron a ellos lo mismo que la familia de don Manuel. El resto de la gente entendió lo que pasaba e inundó la plaza con sus cuerpos, tan estrechamente unidos que los soldados no podían moverse y mucho menos aventar la soga a las ramas para el ahorcamiento.

El canto de la gente inundó el cañón, subió hasta los enormes picos tipo catedral e hizo eco creando una sinfonía de fuerza y poder. Una poderosa fuerza primordial.

El señor Jones fue el primero en darse cuenta de lo que estaba pasando, aventó su puro y se alejó rápidamente.

Entonces el jefe pelirrojo echó un vistazo alrededor tratando de pensar cómo salir de la plaza antes que les arrancaran las armas y lo mataran a golpes. Quitó la soga del cuello de doña Guadalupe y huyó. Los demás soldados lo siguieron rápidamente.

La gente vio el miedo en los ojos de los soldados mientras huían —el miedo que ellos mismos habían sentido toda su vida— y los alentó. Cantaron más alto.

Más de quinientos hombres, mujeres y niños cantaban. Sus voces unidas opacaban hasta los estruendosos ruidos de la compañía de oro americana.

Los mineros dejaron de trabajar y se pararon a escuchar. Después soltaron las herramientas y salieron para ver qué era lo que pasaba con sus familias en el pueblo.

Lupe y sus hermanas abrazaban a su madre llorando de alegría, y una parvada de pericos —verde amarillo con toques de rojo y azul— descendieron sobre el pueblo de los altos acantilados como ángeles que graznaban nerviosamente.

Toda esa noche los americanos durmieron con sus armas listas por primera vez desde que había empezado la revolución. A los soldados mexicanos los americanos siempre los habían podido manipular de una u otra manera, pero esto era algo totalmente diferente.

La luna salió, los coyotes aullaron y la gente siguió

unida hasta altas horas de la noche como el cascabel de una serpiente enroscada. Habían ganado, habían ganado y estaban llenos de euforia.

Nota del autor

Es interesante que mi madre y mi tía no recordaran bien esta historia. Fue mi madrina, Manuelita, la que mejor la recordaba. Y ella me explicó que el señor Jones no mostró quién era en realidad hasta que su esposa y su hija partieron hacia California. —De hecho —dijo mi madrina—, si su esposa y su hija se hubieran quedado, estoy segura que nada de esto hubiera pasado.

Éstas son entonces las historias de las mujeres, de una maestra de escuela, del valor de una madre y del verdadero poder de la gente cuando finalmente se une. Los héroes de las películas con sus grandes músculos y sus grandes armas desaparecen en la vida real. En la vida real somos nosotros, yo y tú. Nos hacemos héroes cuando decidimos que hemos aguantado lo suficiente, nos unimos y adquirimos tal poder que nos permite hacer cualquier cosa. Las batallas de la vida siempre han sido libradas por la gente, y no sólo los hombres. Las mujeres son fuertes también.

Todavía me dan escalofríos cuando pienso en la gente unida cantando, el eco de sus voces resonando en los altos acantilados haciendo que los pericos volaran. Esos pericos seguramente parecieron ángeles que creían ver que los cielos se habían abierto y les sonreían. ¡Debe haber sido hermoso . . . absolutamente hermoso!

TERCERA PARTE

★★★★★

Cuentos de mi padre

El mejor regalo de Navidad

Era la semana antes de Navidad y todo era un alboroto en la casa. La hermana mayor de Juan, Luisa, se iba a casar en cuanto pasara la Navidad y todavía faltaba mucho qué hacer. Había muchas cosas por hacer para la celebración del nacimiento de Cristo también. En verdad que era una época de alegría para la familia Villaseñor de Los Altos de Jalisco.

Y esa noche, inmediatamente después de la cena, Domingo se había levantado y salido por la puerta trasera haciendo una señal a su hermano menor, Juan, que lo siguiera. Pero Juan no quería salir afuera con Domingo. No, quería quedarse dentro con la familia. Así que Domingo le puso una cara de, "más vale que salgas ahora y pronto, o te va a ir peor más tarde cuando no haya nadie cerca para defenderte".

Juan respiró profundamente, miró de reojo a todos y decidió que no podía escaparse de ésta. Así que se levantó y salió por la puerta de atrás.

En cuanto estaban afuera, lejos de los adultos, Domingo le dio un fuerte coscorrón a Juan con el nudillo de en medio. —¡Vamos, cabezón! ¡Nos están esperando en el arroyo, detrás del chiquero!

Al llegar al arroyo se encontraron con Lucha.

—¿Dónde han estado? —preguntó—. Me salí por el frente cuando nadie miraba; los he estado esperando.

—¿Va a venir Emilia? —preguntó Domingo.

—No, ya sabes cómo es. Es una collona.

—Sí, igual que el gallina éste —dijo Domingo—. Tuve que darle un coscorrón para hacerlo entender. Al decir esto, Domingo fue a pegarle a Juan de nuevo para enfatizar sus palabras, pero Juan lo esquivó.

—Deja de pegarme —dijo—, o me echo a correr y le digo a José o a Emilia.

—Ay, ¿piensas que les tenemos miedo? —dijo Lucha—. ¡Te voy a enseñar! —y le tiró un puñetazo a la gran cabeza de Juan, pero él lo esquivó y le hizo la mano a un lado.

De repente, detrás de ellos, un puerco soltó un chillido que les taladró los oídos y los dejó atónitos a todos. Lucha y Domingo dejaron de fastidiar a Juan y se voltearon para ver cómo todo el chiquero se llenaba de chillidos y gruñidos de los puercos. Los perros de casa ladraron, los de los vecinos empezaron a ladrar, y una familia de coyotes les contestó a la distancia. La luna llena salió por detrás de una apacible nube de encajes blancos dándole a la noche un aura espeluznante.

—¿Qué es eso? —susurró Lucha

—A la mejor nada —dijo Domingo—, o podría ser que esos coyotes estén mucho más cerca de lo que se oyen.

—Oye, esto no me gusta nada —dijo Juan, viendo de reojo a su alrededor—. ¿No podríamos esperar otra noche para hacerlo?

—¡No! —dijo Domingo—. Ya sabes que es la última noche de luna llena, ¡así que lo tienes que hacer esta noche!

Juan tragó saliva. —¿Pero, por qué? —preguntó. Todos creían que la mamá de José Luis era bruja, y

sus hermanos querían que fuera a la casa de José
Luis e invocara al demonio.

—¿No sería mejor esperar hasta que los poderes
de la bruja sean menos para que tenga mejor chance
de hacerlo bien?

—Oye, tiene razón —dijo Lucha—. No queremos
fallar. El futuro de toda la familia depende de esto, tal
vez sea mejor esperar.

—¡Lucha! —dijo Domingo, indignado como un sacerdote enojado—, ¿ya se te olvidó todo lo que
aprendimos en la iglesia? El diablo es fuerte, ¿recuerdas? Por un tiempo fue el ángel más glorioso de Dios,
y si que-remos demostrarle que no le tememos, no lo
podemos hacer cuando los poderes de la bruja son
más débiles. No, ¡debemos hacerlo cuando los poderes
de la bruja están a su máximo! Entonces, y sólo
entonces, como dice el buen cura, romperemos el maleficio que le han hecho a nuestra familia.

—Ah, sí. Ya me acuerdo —dijo Lucha—. Entonces,
—agregó alzándose de hombros—, no tiene remedio,
Juan. Tienes que hacerlo esta noche.

Lleno de miedo, Juan tembló de pies a cabeza
mientras miraba de reojo la brillante luna llena y el
otro lado del riachuelo que estaba al final del valle.
En la distancia podía ver la pequeña luz de la casa de
José Luis y a un lado la huerta de duraznos de su
madre. El corazón le latía apresuradamente. Respiró
hondo. —Miren —dijo—, tal vez se cancele lo de la
boda, y entonces no tenemos que preocuparnos de
tener una bruja en la familia.

—¡Ah, no, eso no! Tú fuiste el que empezó todo
esto anoche —dijo Domingo—. Y oíste lo que dijo
Luisa esta noche. Ella y Luis se aman y ya tienen

fecha para la boda. Ésta es la última luna llena en la que podemos salvar nuestras almas inmortales, —añadió Domingo con una voz que parecía la del cura que venía al pueblo una vez al mes. Juan y Lucha se persignaron. Domingo tenía personalidad.

—Mira —dijo Lucha acercándose a Juan—, tú sabes que si yo pudiera, iría por ti. Pero no puedo. Soy mayor que tú y ya no soy pura de corazón, así que no tendría ningún valor que pudiera confrontar a la bruja.

Juan hizo a un lado la mano de Lucha. De todas sus hermanas, Lucha era a la que menos confianza le tenía. Tenía ojos grandes y bellos y siempre estaba coqueteando y siendo dulce y amable para conseguir lo que quería. Sabía que no era capaz de hacer nada por él, así como lo que haría un puerco gordo si otro marrano gordo le pidiera que le cediera su comida.

—¿Cómo está eso que ya no eres pura de corazón? —preguntó Juan.

—Ay —dijo actuando como una gran señora—. ¿Qué clase de hombre eres al hacerle esa pregunta a una dama?

—Soy un chamaco —dijo Juan—. Un chamaco muy asustado que no quiere ir a la casa de la bruja aunque le den todo el dinero del mundo. Tú eres mayor, Lucha, más fuerte, más rápida, y quiero saber por qué no puedes ir por mí.

—Bueno, si de veras quieres saber —dijo Lucha jugando con un largo mechón de pelo—, el verano pasado yo . . . ¡pero tienen que prometerme que no le van a decir nunca nada a nadie!

—Claro que no —dijo Domingo entusiasmado—. ¡Te lo juro! Así que anda, dínoslo, —añadió rápidamente.

—Bueno, eh —dijo mirándolos de reojo—. Bueno, cuando nuestro primo Agustín se quedó con nosotros, él y yo, bueno . . . —se puso toda roja—, nos besamos.

—¿Besaste a Agustín? —preguntó Domingo—. ¡Pero, es nuestro primo hermano! ¿Cómo pudiste hacer eso?

—Bueno, sólo nos besamos. No es como si nos fuéramos a casar o a tener un bebé.

—¡Más te vale que no! —dijo Domingo—. ¡Tu hijo tendría una cola puntiaguda porque sería un bebé concebido por el demonio!

—Ya lo sé, por eso sólo nos besamos, pero por varias horas, —añadió riendo.

—¿Te gustó? —preguntó Juan.

—Sí, me gustó mucho, —contestó Lucha.

—¡Guácala! —dijo su hermanito haciendo un gesto de repugnancia.

Lucha fue a pegarle a Juan, pero éste sólo se rió y la esquivó. —¡Te voy a matar! —dijo.

—¡Basta! ¡Ya estuvo bueno! —dijo Domingo—. Lo que tenemos que hacer esta noche es MUY importante. Se trata de salvar el alma inmortal de toda la familia Villaseñor.

Juan y Lucha se calmaron inmediatamente porque sabían que Domingo tenía razón. Desde que José Luis había venido a casa a pedir la mano de Luisa, los niños del pueblo les habían dicho a Juan y a los demás niños de la familia que se irían al infierno. Pues todo el mundo sabía que la mamá de José Luis era una bruja de mucho poder. Y cuando su hijo se casara con alguien de la familia Villaseñor, la madre de José Luis sería parte de la familia. Todos estarían condenados a quemarse en el fuego del infierno por toda la eternidad.

—Bueno, ¿te acuerdas lo que tienes que hacer? —le preguntó Domingo a Juan.

Juan asintió. —Sí, me acuerdo.

—Bueno, repítelo. No quiero que metas la pata.

Juan bajó la cabeza, tenía ganas de llorar. —Tengo que ir a su casa y . . .

—No te oigo. ¡Habla más fuerte! ¡Y mírame a los ojos, como hombre!

Juan levantó la cara con los ojos llenos de lágrimas. Era sólo un niño lleno de miedo, pero se compuso lo mejor que pudo tratando de actuar como hombre. —Tengo que ir a su casa —repitió—, y decir en voz alta que no le temo a sus poderes ni a los del demonio, y . . . y . . .

—¿Y, qué?

Juan abrió los ojos desmesuradamente. —Tengo que hacer la señal de la cruz y gritar, "¡Vamos con el amor de Dios y no le tememos al mal!"

—Exacto —dijo Domingo—, exacto.

—Pero, pero, pero, ¿qué tal si se despiertan sus cinco perros? —preguntó Juan—. Tal vez deba sólo susurrarlo y no decirlo en voz alta. —Tuvo que apretar las piernas para no mearse—. Ese perrote negro, al que llaman el Diablo. ¡Ay, Dios mío, si despiertan, me matarán y me comerán! Ya vieron lo que le hicieron al desconocido el año pasado. Lo tiraron con caballo y todo y se lo medio comieron antes que la bruja los llamara.

—¡Eso ya lo hemos previsto! —replicó Domingo impacientemente—. Por eso le das la vuelta a la casa y entras por la huerta de duraznos. Los perros duermen del otro lado de la casa. No te van a oír, si lo haces bien.

—Ay, Domingo —dijo Juan con el corazón latiendo como queriendo salir del pecho—, ¿por qué no vas tú por mí? Tengo miedo y no soy tan rápido ni tan fuerte como tú.

—Mira, cabezón, ¡ya te lo he dicho mil veces! ¡Soy mayor que tú y ya no soy puro de corazón! ¡Ya lo sabes! ¡Soy malo contigo y pateo perros y torturo hormigas y siempre digo palabrotas!

—Pues —dijo Juan—, yo tampoco soy muy puro. También he pateado chivos y torturado bichos. Y el año pasado cuando el cura halló la caja de la limosna vacía, fui yo el que se llevó el dinero.

—¿Fuiste tú el que se llevó el dinero? —gritó Lucha—. ¡Qué horrible! ¡Y no dijiste nada cuando el cura nos acusó a todos de haberlo robado! ¡Qué desvergüenza!

Domingo vio a su hermanito con más respeto. —¿De veras fuiste tú? —preguntó.

—Claro —dijo Juan—, ¡y también he hecho otras cosas malas!

—¿Como qué? —preguntó Lucha.

—Bueno, me he escondido para ver cómo es que ustedes las muchachas se ponen en cuclillas cuando mean y nosotros no.

—¿Nos has espiado? —gritó Lucha—. ¡Ay, qué cochino eres!

—De ninguna manera. Yo meo parado —dijo orgullosamente.

—¡Te voy a pegar y le voy a decir a mi mamá! —gritó Lucha, agarrando a Juan y tratando de pegarle en la cabeza. Pero él siguió esquivándola. Domingo los separó.

En ese momento, más niños llegaron corriendo. Eran Mateo, el mejor amigo de Domingo y sus dos hermanos menores, Alfonso y Pelón, y su hermana, Carmelita. Luego luego Mateo preguntó qué pasaba. él y Domingo eran los mejores peleadores en toda la región ya fuera con piedras o con los puños. Eran tan temidos que aun algunos adultos no se atrevían a pelear contra ellos con piedras.

—Mi hermanito está listo para enfrentar a la bruja —dijo Domingo orgullosamente.

Mateo miró fija y largamente a Juan. —No me parece que esté listo. Se ve que tiene miedo, y todo el mundo sabe que si le muestras miedo al diablo, ¡la tierra se abre y te traga, te traga, te traga! ¡Hasta las profundidades del mismo infierno! —Mateo se rió gozando con lo que había dicho.

Domingo se dio vuelta para ver a Juan. —¿Tienes miedo? —le gritó—. ¡Eh, dímelo ahorita mismo! ¿Tienes miedo? Ay, qué te pasa. ¿No quieres a tu mamá? ¿No quieres a tu papá? ¡Te voy a dar una golpiza, pinche cabezón!

Mateo admiraba la ira de Domingo, así que también les dio un par de golpes a sus hermanitos. —¿Ya ven, burros, qué pasa si no tienen huevos? Tienen que ser valientes siempre para que el demonio no venga y les robe el alma.

Alfonso y Pelón bajaron la cabeza y recibieron los golpes de su hermano mayor igual que Juan recibió los de Domingo. Ésta era la costumbre en las montañas de Jalisco. Un niño tenía que aguantar mucho para llegar a ser un buen cristiano.

Como el buen cura les explicaba cada vez que venía a su pueblo, Jesucristo, el único hijo de Dios, había bajado a la tierra para sufrir por los pecados de los hombres. Así que lo menos que un buen cristiano podía hacer era sufrir junto con Jesús en la eterna lucha de Dios contra la maldad del diablo.

En ese momento llegó Emilia corriendo. Tenía casi quince años y era mayor que todos ellos. —¡Deja de pegarle! —le dijo a Domingo. Emilia tenía pelo castaño rojizo como Domingo y radiantes ojos azules como su padre. Era alta y esbelta y muy bella. Su piel era tan blanca que le hacía daño estar al sol mucho tiempo.

—Me imaginé que te hallaría por acá molestando a Juan otra vez. —Volteó a Juan de los hombros para verlo—. No tienes que ir, ¿sabes? Cuando el cura los case va a bendecir la boda, así que todo esto . . . .

—¡Pero el cura no se atreverá a mencionar que la mamá de José Luis es bruja! —dijo Domingo interrumpiéndola—. Sabes muy bien que la bruja le mandó la canasta de duraznos y un pollo gordo al viejo cura del pueblo y éste se murió ahogado con el hueso de pollo atravesado, y desde entonces ¡nadie, pero nadie, se atreve a mencionar su nombre por miedo a morir embrujado también!

—Es cierto —dijo Lucha—. Tienes que admitirlo, Emilia. Este nuevo cura joven jamás va a mencionar su nombre. —Se persignó—. Dios mío que el alma del viejo cura esté en el cielo —añadió.

Emilia miró a Domingo y a Juan. Con los ojos llenos de lágrimas abrazó a su hermanito. —Ay, Juan, hermanito, Juan. No sé qué hacer. Quizá debamos preguntarle a Mamá o a Luisa. Ellas siempre saben qué hacer.

—¡No! —gritó Domingo—. ¡Eso sería lo peor que pudiéramos hacer! Luisa no podría decir nada en contra de su futura suegra. Y mamá, ¿qué puede hacer, excepto decirnos que recemos? O peor aún, hacernos que vayamos a hablar con el cura y todos sabemos que le tiene un miedo atroz a la bruja. Recuerda que él fue quien escuchó las últimas palabras del viejo cura, "Josefina, Josefina," antes de . . .

—¡Ay, Dios mío! —dijo Lucha—. ¡Acabas de pronunciar su nombre, Domingo!

En ese mismo instante Domingo se puso de rodillas y se persignó rápidamente pidiéndole a Dios que lo protegiera. Todos los demás se hincaron persignándose y rezando —excepto Juan que siguió de pie.

—Oigan, esperen —dijo Juan absorto en sus pensamientos—. ¿Cómo es posible que las últimas palabras del viejo cura hayan sido . . .? —Todo el mundo volteó a verlo. Se detuvo un momento—. Cuando alguien se está ahogando con un hueso de pollo, no puede hablar, ¿o sí puede? Cada vez que casi me he estado ahogando, nunca he podido hablar. Así que, ¿cómo pudo el viejo cura pronunciar el nombre de la bruja si se estaba ahogando, eh?

—¿Estás poniendo en duda la palabra del buen cura? —espetó Domingo, aún de rodillas.

—Bueno no —dijo Juan—. Estaba pensando que tal vez . . .

—¡Deja de pensar! —explotó Domingo poniéndose de pie—. ¡Sabes muy bien que pensar es un pecado capital que causó nuestra caída del paraíso!

—Sí, ya sé —dijo Juan—, lo que quería decir . . .

—¡Ya párale, Juan! —exigió Domingo—. ¡Es hora que actúes como un buen cristiano y que hagas lo que tienes que hacer para salvar a la familia! ¿No quieres a tu madre? Eh, ¡Contéstame! ¿No quieres a nuestra querida mamá?

—Pues sí, claro que sí —dijo Juan.

—¿Y tú quieres a papá?

Juan quería pensar antes de contestar esto. No estaba tan seguro de quererlo. Su padre era siempre tan malo con él, le daba coscorrones y lo llamaba cabezón.

—Bueno, contéstame —ordenó Domingo—. Quieres a tu padre, ¿verdad?

Juan le echó un vistazo a su hermano. En casos como éste, Domingo se parecía tanto a su padre que daba miedo. Tenía la cara roja de rabia y sus ojos azules parecían estar cubiertos de vidrio, casi blancos.

—Sí —dijo Juan que no quería que le siguieran pegando.

—Bueno —dijo Domingo—, ¡ve y hazlo ahorita mismo!

—¿Pero cómo vamos a saber que fue hasta la casa de la bruja y lo hizo? —preguntó Mateo—. Puede llegar sólo a la mitad del valle y nosotros nunca lo sabremos. Con la luna que se mete y se sale de las nubes va a ser difícil verlo después que cruce la primera cerca.

—Es cierto —dijo Lucha, mirando el otro lado del valle en la oscuridad—. Después de la primera cerca no podremos ver lo que hace, si la luna se esconde tras las nubes.

—¡Ay, déjenlo en paz! —dijo Emilia con los ojos llenos de lágrimas una vez más—. ¡Es suficiente que lo esté tratando de hacer! ¿Si ustedes que son mayores tienen dudas, por qué no van con él, o mejor aún, vayan ustedes?

—Bueno, no, no podemos —dijo Lucha a la defensiva—. Si vamos, eh, de seguro que despertaríamos los perros y nos matarían a todos.

Domingo le dio un empujón a Lucha. —No digas tonterías —dijo—. Estamos tratando de darle valor, no de espantarlo. —Se volvió a Juan—, no es a sus perros a quien le tememos, ¿verdad Mateo?

—Sí, claro, eso es —dijo Mateo.

—La razón que no vamos contigo para protegerte, hermanito, es que entonces no tendrías la oportunidad de probar lo valiente que eres. Y, además, ésa es la única manera de derrotar al demonio: cuando un hombre está dispuesto a enfrentársele al diablo sin ninguna otra arma que su fe en Dios Todopoderoso para salvarlo de la condena eterna.

—¡Es cierto! —dijo Mateo, persignándose y besando el frente del pulgar que tenía doblado sobre el dedo índice para hacer la señal de la cruz—. ¡La única arma que un verdadero cristiano necesita contra el diablo es la fe que lleva aquí, dentro del pecho! Ay, te envidio Juan. No sólo vas a salvar a tu familia, sino también a todo el mundo cuando triunfes en lo que te propones esta noche. Recuerda lo que dice el buen padre "¡La batalla de un hombre por derrotar al demonio es la salvación de toda la humanidad!"

—Mateo sonrió satisfecho de haber podido repetir las palabras de Dios que había aprendido en la iglesia.

Juan vio la sonrisa, los dientes blancos y derechos de Mateo en su bella y ancha cara india y sintió que una repentina fuerza le llenaba el pecho. Mateo tenía toda la razón. No lo había visto así. Ésta era en verdad la oportunidad que tenía Juan de probar —no sólo a su familia, sino a todo el mundo— cuánto los quería, igual que el mismo Cristo había hecho en la cruz. Y mientras mantuviera su fe ahí dentro del corazón, ningún mal le podría pasar.

Pero antes que Juan pudiera hablar para expresar el nuevo valor que había hallado, Emilia habló.

—¡No! ¡Esto no está bien! ¿Qué tal si algo no sale bien? —dijo—. Si piensas que esto es tan importante, Mateo, por qué no lo hacen tú y Domingo que son tan buenos con las piedras. ¡Al menos tendrán una defensa si se despiertan los perros asesinos!

En ese momento sucedió. Las palabras salieron de Juan sin que se diera cuenta. —¡No! —le dijo a Emilia, quien sabía lo amaba de verdad y sólo quería lo mejor para él—. ¡No voy a fallar! —gritó—. ¡No voy a fallar! Y la tierra no se abrirá ni me tragará porque quiero a mi mamá de verdad. ¡Y voy a salvarnos a todos; no quiero que nos quememos condenados en el fuego del infierno! —Los ojos se le llenaron de lágrimas, pero su corazón se mantuvo firme. Se dio la vuelta y avanzó hacia el arroyo.

Rápidamente Pelón siguió tras él. Los dos niños eran amigos. A través de los años los hermanos mayores los habían forzado a pelearse muchas veces sin que quisieran hacerlo. —Ten —dijo Pelón al darle su piedra favorita—. Me hallé esta piedra en la iglesia un día. Creo que vino de los pies de Jesús cuando estaban reparando las paredes.

—Gracias, —dijo Juan agarrando la piedrita lisa y gastada.

Pelón lo abrazó rápidamente y lo vio bajar la cuesta hacia el arroyo y brincar de piedra en piedra para no mojarse.

—¿Pero cómo sabremos si llegó hasta la casa? —preguntó Mateo de nuevo.

—Sí —dijo Lucha—, ¿cómo sabremos?

Domingo pensó por un minuto y le gritó a Juan que desaparecía rápidamente en la oscuridad de la noche, —¡Tráete un durazno!

Juan siguió caminando.

—Tal vez no te oyó —dijo Lucha y gritó—, ¡Tráete un durazno para saber que llegaste hasta allá!

—¡Cállate! —dijo Emilia—. ¿Qué quieres? ¿Despertar a los perros para que lo maten?

—Pero es que no contestó, —dijo Lucha.

—Nos oyó, —dijo Domingo sonriendo—. No griten más. Emilia tiene razón. No queremos despertar los perros. Mi hermanito necesita toda nuestra ayuda. —Respiró hondo.

—Mírenlo. De verdad que es un niño valiente, ¿verdad?

—Sí —dijo Pelón débilmente; las lágrimas le corrían por sus anchos pómulos—. Muy, muy valiente.

¡Tráete un durazno! me gritan, se dijo Juan disgustado mientras seguía caminando. *¿Quién piensan que soy, uno de los reyes magos para traerles regalos? Dios mío, a la última persona que trató de robarle duraznos de sus árboles le pegó tan duro en la cabeza con un palo que se dice que el pobre viejo perdió la memoria y ahora lo controla completamente, y que la bruja lo hace trabajar de sol a sol.*

Ah, sí, les voy a traer un durazno, seis duraznos envueltos en chocolate, para que vean de una vez por todas que lo hice y que nuestra mamá no va a tener que quemarse en el infierno por toda la eternidad.

Juan se secó las lágrimas y siguió hablándose a sí mismo mientras atravesaba el valle sobando la piedrita que le había dado Pelón. —Ay, Señor, por qué siempre me tienen que pasar a mí estas cosas? ¿Eh?

¿Por qué yo? Si no me están pegando por haber dejado que el coyote me robe un chivo, me están pegando porque los puercos se comieron la planta de chayote. Ay, te pido, Dios, que llegue el día que no me golpeen más en la cabeza, Señor.

—A propósito —siguió Juan con un rayo de alegría en los ojos al llegar a la primera cerca de piedra—, la semana que viene celebramos el nacimiento de Tú Querido Hijo, ¿verdad? —Puso la mano derecha sobre la cerca de piedra y miró al cielo. La luna le sonreía entre dos grandes nubes blancas—. Bueno, entonces, Amado Señor, quisiera dedicar lo que estoy a punto de hacer como un regalo de Navidad a tu Amado Hijo por Su cumpleaños. ¿Qué te parece? Está bien, ¿verdad, Dios Amado?

Al decir esto Juan se rió y subió la primera cerca de piedra camino a la casa de la bruja. Se sentía muy bien ahora. Se sentía satisfecho de habérselo puesto así a Dios. Dios no podía dejarlo fallar después de haberse ofrecido a dedicar lo que iba a hacer esa noche a su único Hijo, ¿verdad? No, claro que no. Así que ahora tenía asegurado el triunfo porque Dios no podía dejar de ayudarlo para que su Amado Hijo, Jesucristo, no se sintiera decepcionado en su cumpleaños.

Juan siguió atravesando el valle rápidamente; se sentía mejor. Con Dios endeudado con él, ¿qué podía salir mal? Nada, absolutamente nada. Los cinco perrazos estarían profundamente dormidos y los duraznos más grandes y jugosos estarían en las ramas bajas para que los pudiera cortar a su gusto.

Se detuvo. Ahora podía ver los árboles de durazno individualmente al lado de la casa de la bruja.

Respiró hondo. Se decía que sus árboles eran los más altos y verdes y daban los duraznos más dulces y grandes de toda la región porque los regaba con la sangre y las tripas de sus pollos. Y hacía mucho tiempo, cuando Domingo y Mateo eran pequeños, vieron cuando regaba sus árboles. Apenas estaba oscureciendo cuando Mateo y Domingo se habían acercado a su casa para robarse unos duraznos. Ella había salido de la casa cantando y llevaba un pollo grande y gordo bajo el brazo. Acariciaba al pollo amorosamente cuando de repente sacó un cuchillito de su vestido y le cortó el pescuezo tan rápido que apenas si podían creer lo que veían. Entonces empezó a danzar alrededor de sus queridos árboles cantando con alegría mientras los regaba con la sangre que escurría del pollo que sujetaba por las patas. Levantó el pollo muerto hacia el cielo y la oyeron invocar los poderes del demonio para que le diera los mejores duraznos. Domingo y Mateo apenas si habían podido escapar vivos del peligro. La bruja había manejado el cuchillo matapollos con la velocidad de un relámpago.

Al recordar esto Juan respiró hondo varias veces.

—Ay, Diosito Lindo, recuerda que tenemos un trato. Así que no importa qué tan rápida sea con su cuchillo, Tú tienes que ser valiente y estar a mi lado para ayudarme. Si no, recuerda, Tú Amado Hijo quizá no halle un regalo el día de su cumpleaños y va a estar muy, muy triste. Y Tú no quieres ver a Tú Hijo Más Amado triste y con los ojos rojos, ¿verdad? Claro que no. El pobrecito, siempre colgando de la cruz con los ojos tan rojizos. Así que asegurémonos que tendrá un cumpleaños feliz, ¿eh, Dios?

Juan sonrió después de decir esto y miró la casa de la bruja al otro lado del valle. Pensó que sería mejor seguir hablando con Dios mientras llegaba. Así Dios no se distraería con todas las otras obligaciones que tenía por todo el universo, y no se olvidaría de él.

Ahora podía ver que la casa de la bruja no estaba muy lejos. Tenía que mantenerse alerta y asegurarse que sus perros no anduvieran cazando por los campos fuera de su casa. Porque si se hallaba a los perros en campo abierto, entonces de seguro lo alcanzarían. Se decía que tenía los perros más bravos en toda la región porque los tenía medio muertos de hambre.

La carne se le ponía de gallina al recordar lo que le había pasado a ese pobre forastero el año pasado cuando lo habían alcanzado los perros. Iba cabalgando por el valle cuando percibió el perfume de sus aromáticos duraznos. Así que dirigió su cabalgadura hacia el aroma. Concentrado en la dulce brisa había llegado a la huerta pensando que había hallado el Paraíso. Pero al estirar la mano para coger un jugoso y grande durazno, el perro llamado Diablo había saltado de la nada rugiendo horriblemente y alcanzando el cuello del caballo. Los otros perros mordían las patas y las ijadas del caballo que corcoveó y pateó por toda la huerta hasta desplomarse hacia atrás.

El hombre fue arrojado del caballo y perdió la pistola antes que se pudiera defender. Los cinco perros hambrientos empezaron a desgarrar al hombre y su caballo con un hambre feroz. El caballo pudo por fin pararse pateando y relinchando y salió disparado, pero el hombre no pudo levantarse y siguió gritando en su agonía hasta que la bruja salió de la casa y llamó a sus perros.

Al llegar a la segunda barda de piedra Juan se detuvo para recobrar el aliento. La casa estaba ahora frente a él y la huerta de duraznos empezaba justo al otro lado de la última barda de piedra. Miró la luna llena y después al otro lado del valle adonde había dejado a Domingo y a los otros. Pero ya no los podía ver. Apenas si podía ver la silueta de los chiqueros y atrás los corrales de los caballos. Podía ver la casa de sus padres fácilmente. Podía ver la brillante luz de la cocina por la ventana. Se preguntó si no podría simplemente darse vuelta y regresar a casa. Después de todo, el sólo hecho de haber venido hasta acá en la oscuridad ya le habría demostrado al demonio que era muy valiente.

—Mira, Dios —dijo en voz alta—, la gente hace un rodeo con sus caballos para no pasar cerca de su huerta; de noche ya he llegado más cerca a este lado del valle de lo que pocos mortales se atreverían. Entonces, ¿qué te parece, Dios? ¿Crees que de veras tengo que acercarme más? El demonio ya puede darse cuenta que soy muy valiente.

De pronto la luna se escondió detrás de unas nubes oscuras, la noche se ensombreció y se puso fría. Instantáneamente Juan abrió los ojos bien grande.

—¡Está bien, está bien, Dios! —dijo rápidamente—. Llego hasta allá. Nada más no me quites la luz de la luna. Necesito toda la luz que puedas darme.

Respiró hondo y se persignó besando el pulgar que tenía hecho cruz delante del índice como había visto hacer a Mateo. Terminó y siguió hacia la casa de la bruja, la mujer que cultivaba los mejores duraznos de toda la región.

De repente Juan creyó oír algo y se paró en seco. Lenta y cuidadosamente miró a su alrededor pidién-

dole a Dios que los perros no se le acercaran sin que
él los sientiera. Pero no vio nada. Y la luna había
vuelto a salir y era tan grande, brillante y redonda
que iluminaba toda el área a su alrededor casi tanto
como si fuera de día. Podía ver también la casa de la
bruja claramente. Hasta empezó a ver las diferentes
piedras del muro de rocas alrededor de su casa.

Al mirar detenidamente la casa notó al perrazo. El
corazón se le paró. Dios mío, era el famoso Diablo y
estaba allí en el porche, estirándose y bostezando con
su gigantesco hocico abierto apuntando hacia la luna.
Juan pensó que allí cabría toda su pierna.

Juan tragó saliva sin mover un sólo músculo. El
perrazo seguía bostezando y estirándose. Si el mons-
truoso Diablo estaba despierto, pensó Juan, los otros
perros estarían despiertos también. Sin mover la
cabeza Juan movió los ojos de izquierda a derecha,
buscando cuidadosamente a los otros perros cerca de
la casa. Sabía muy bien que en esta noche el perro
más peligroso para él no era el Diablo, el más grande,
sino Cara Chata el más chico. En esta parte de México
los ranchos tenían una jauría de perros y entre ellos
siempre había uno más pequeño y nervioso que tenía
el sueño ligero y que al más leve ruido empezaba a
ladrar y despertaba a los perros más grandes.

Juan revisó el porche con la vista; vio cada una de
las macetas y después el famoso mango de la bruja.
Se decía que los mangos no se daban en esta región
montañosa de Jalisco, que los mangos eran estricta-
mente frutas tropicales y que sólo podían crecer altos
y fuertes y dar fruta en las zonas más bajas de
Guerrero y Oaxaca. Sin embargo, allí estaba el mango
de Josefina, a un lado de su casa, tan grande y fuerte

como un roble y lleno de mangos del tamaño de criadillas de toro.

—Dios mío —se dijo a sí mismo—. ¡Acabo de mencionar su nombre! ¿Sabrá cuando la gente piensa en ella? —En ese mismo momento la puerta se abrió de un golpe y salió la bruja. Era una mujer alta, bien formada, que tenía manos grandes y fuertes y pies grandes y callosos. Se decía que trabajaba descalza y siempre traía la pala o el azadón en la mano. Siempre había hecho todo el trabajo de rancho: construía muros, plantaba árboles, acarreaba tierra hasta que le pegó en la cabeza a ese pobre viejo hacía unos años. Y ahora lo traía trabajando con ella de sol a sol.

—¡Perrrros! —les gritó a sus animales—. Allí les van unas cuantas sobras, pero no les voy a dar mucho esta noche.

Rápidamente se pararon los perros y ella les aventó las sobras. Juan se hizo una pelotita y casi no se movió. Estaba a medio campo sin que hubiera nada entre él y la temible bruja. El muro de piedra que acababa de subir quedaba detrás de él a una buena distancia.

—Dios mío —imploró—, por favor, no dejes que me vea.

—Quiero que estén todos alerta esta noche —dijo acariciando su jauría de bestias hambrientas—. Hay luna llena, una buena oportunidad para que un holgazán tal por cual trate de robarse mis duraznos. ¡Así que estén alertas o les saco las tripas para dárselas a mis árboles!

—Ven acá, Diablito —le dijo a su perrazo negro—, estate súper listo esta noche. Tengo un presentimiento que algo muy, muy raro va a pasar. —De pronto

alzó la vista y miró directamente a Juan—. ¿Qué es
ese pequeño terrón que veo en mi campo? Eh, ¡contéstame! ¿Eres una piedra que se desprendió del muro, o
qué eres?

Juan apretó los ojos, deseando poder desaparecer.
—Dios mío —se dijo a sí mismo—, ¿qué estás haciendo? ¡Creí que habíamos hecho un trato! ¡Ay, por favor,
Diosito, ayúdame! ¡Ayúdame! ¡Soy solo un niño!

—¡Ah, así que no me vas a contestar! —le gritó la
bruja al terrón que pensaba era una piedra—. Bueno,
¡allí te va ésta! —Recogió una piedra de una pila que
tenía en el porche y se la aventó con todas sus fuerzas
al terrón y casi le pegó a Juan.

—¡Te puedo ver, ladrón bueno pa nada! ¡No te
atrevas a pensar que no puedo ver en la oscuridad! ¡La
luna llena es mi amiga y si te acercas más a mis
duraznos, te echo los perros al instante! ¿Me oyes? ¡En
un instante! —Y entonces levantó sus poderosos brazos y gritó a los cielos—, ¡La luna llena es mi amiga!
¡Y la vieja que vive allá arriba me protege a mí y a mis
árboles! ¡Porque las dos somos mujeres! ¿Me oyes?
¡Porque las dos somos mujeres solas en la noche! ¡Y
porque tenemos nuestras propias costumbres!

Juan no se atrevió a mover ni un músculo. Estaba
enrollado en una pequeña bola enraizada a la tierra.
No podía ni abrir los ojos. Estaba paralizado mirando
la eterna oscuridad de su propia alma olvidada.
Entonces oyó que se cerró la puerta con otro golpazo y
pensó que la bruja había vuelto a entrar a su casa.
Podía oír los perros roer los huesos y lengüetear las
migajas. Pensó que ésta era probablemente su última oportunidad de escapar vivo, pero no se atrevía a
levantarse y echar a correr, así que empezó a gatear

hacia atrás lo más rápido que pudo. En ese momento Cara Chata empezó a ladrar.

—Ay, Dios mío —dijo Juan—, ya me vio. Ahora sí que no puedo escapar. Dios mío, qué tonto fui en dejarlos que me convencieran. —Juan oyó el rugido, el enorme rugido clamoroso del Diablo, y vio la jauría de perros salir disparada del porche en su dirección.

—Ay, Dios mío —exclamó Juan, casi meándose en los pantalones—. ¿Y ahora, qué hago? Si me quedo aquí de seguro que me van a desgarrar y a tragar vivo. Pero si me paro y echo a correr de seguro que me alcanzan, pero . . . esperen, ¿qué tal si alcanzo a llegar a los duraznos y me trepo a uno de ellos? Sí, eso es lo que haré, —dijo con entusiasmo—. Juan intentó ponerse de pie para correr lo más rápido que pudiera hacia los duraznos. Pero no pudo, algo lo sujetaba a la tierra como un imán gigantesco. La jauría clamorosa se acercaba más y más bramando ruidos infernales mientras se acercaban. Pero Juan no se podía poner de pie; no importaba qué tan duro empujara contra la tierra para levantarse y echar a correr. Puso las dos manos en frente de él cuidadosamente y empujó con todas sus fuerzas. Pero por más que intentaba no podía moverse ni una pulgada. Una fuerza como la de una mano gigantesca lo mantenía atado fuertemente a la Madre Tierra. Finalmente se dio por vencido. Y en el instante que se dio por vencido y se relajó, la vio. Cerca de él una madre coyote olfateaba en su dirección. La miró y ella lo miró largamente y mantuvieron esa mirada de comprensión por un momento eterno. Entonces el coyote le sonrió, de verdad que le sonrió a Juan, miró rápidamente a los clamorosos perros, dio un chillido como un aullido y brincó el muro de piedra pasando sobre la luna tan elegantemente como en un sueño.

Juan no podía creer lo que acababa de ver: una mamá coyote que sonreía y que acababa de brincar sobre la luna llena. Y se relajó sintiendo el calor de la gigantesca mano que lo mantenía pegado a la abundante y olorosa tierra. De pronto se sintió mejor; ahora estaba seguro. Lo único que tenía que hacer era mantenerse quieto y los perros seguirían al coyote. La jauría llegó corriendo y ladrando. Juan miró que cada uno de ellos brincó sobre el muro, se pusieron de pie y brincaron también sobre la luna llena, aunque no tan elegantemente como lo había hecho la coyote.

Así todos los perros grandes desaparecieron tras la coyote. Juan pensó que estaba completamente seguro . . . hasta que se dio cuenta que Cara Chata lo miraba fijamente a la cara. Éste no había podido brincar el muro y trataba de recuperar el aliento con la larga lengua de fuera. Sin mover un músculo, Juan tragó saliva.

—Ay, Dios mío —se dijo a sí mismo—, ya me agarraron.

Al otro lado del valle Domingo y los otros oyeron la puerta de la bruja que se abrió con un el portazo y después sus gritos.

—¿Crees que lo vio la bruja? —preguntó Emilia—. Ay, Señor, nunca debimos haber permitido que fuera.

—¡Cállate! —dijo Domingo—, déjanos oír.

Oyeron otro grito, aún más fuerte que el primero, y después el portazo con que se cerraba la puerta.

—¿Tú qué crees Mateo? —preguntó Domingo—. ¿Lo vería?

—No, creo que no —dijo Mateo—. O ya habríamos oído sus perros.

Escucharon el silencio de la noche preguntándose qué le habría pasado a Juan. De pronto oyeron el ladrido chillante del perro de la bruja seguido del enorme, demoledor rugido del Diablo que llenó todo el valle de ladridos.

—Dios mío —dijo Emilia—, ¡están matando a Juanito! ¡Vamos a avisarle a mamá, rápido!

—¡No! —dijo Domingo—. ¿Nos quieres meter a todos en problemas?

—Además —dijo Mateo—. todavía no lo alcanzan. Esos son ladridos de perros que corretean a la presa; no son de perros que están desgarrando y matando.

—Es cierto —dijo Lucha—. Los perros ladran muy diferente cuando tienen a su presa atrapada en el suelo. Ahorita sólo la están persiguiendo; escúchenlos. Nuestro hermanito debe estar corriendo —dijo sonriendo orgullosamente—. Realmente llegó hasta allá. Híjole, en realidad yo nunca hubiera llegado hasta allá. ¿Tú, Domingo, hubieras llegado?

—¡Cállate! ¡Déjanos oír. ¡Esos perros están desaforados! Óiganlos. Debe estar en la huerta trepándose a un árbol o algo parecido.

—Ya ves, Mateo. Todos estos años te he dicho que mi hermanito es valiente. Vas a tener que trabajar mucho con Alfonso y Pelón antes que puedan alcanzar a mi hermanito.

—Ya veremos, ya veremos —dijo Mateo—. ¿Cómo sabemos si los perros están persiguiendo a un coyote o algo parecido? No podemos saber si tu hermano está escondiéndose tras unas piedras.

De pronto una voz de adulto los espantó a todos.

—¿Qué están haciendo? —preguntó José Villaseñor detrás de ellos—. Los seis niños se voltearon y se vieron cara a cara con él. Al lado de José estaba Luis, alto y fuerte como un gigante.

—¿Eh? —preguntó José mirándolos de reojo—. ¿Por qué están ladrando los perros? ¿Qué maldades vinieron a hacer acá, atrás del chiquero? Vamos, contéstenme. Mi mamá nos mandó aquí pensando que estarían haciendo alguna travesura.

Su voz era tranquila. Siempre hablaba calmadamente.

—Domingo, escúchame bien. No vuelvas a mirar así a Emilia o te tiro de un golpe delante de todos. Y ahora, dime rápido. ¿Qué sucede aquí?

Mateo tampoco se atrevió a hacer nada. El gigante Luis se había colocado detrás de él y estaba listo para agarrarlo del cogote en cuanto hiciera cualquier movimiento. Estaban atrapados y no había salida y Emilia se moría por hablar.

—José —dijo Emilia—, mandaron a Juan a la casa de la bru . . . quiero decir a la casa de la mamá de don Luis; les dije que no lo hicieran, pero Domingo siguió insistiendo que . . .

—Ay, no —dijo Luis.

Pero José no dijo nada. Se había vuelto y se dirigía corriendo a los corrales de los caballos. En unos cuantos segundos agarró un caballo, lo montó a pelo y echó a correr a galope tendido brincando sobre el arroyuelo.

Luis consiguió otro caballo y partió tras de José.

Domingo y los otros niños miraron cómo los dos hombres desaparecían en la noche seguidos del sonido de los cascos de los caballos.

Los perros seguían ladrando a la distancia llenando la noche de sonidos horribles.

Cara Chata recuperó el aliento y le empezó a ladrar a Juan en la cara para llamar al resto de la jauría.

—Ay Dios mío —dijo Juan poniéndose de pie—. Correré a la casa de la bruja e invocaré al demonio. Después correré a la huerta, recogeré varios duraznos, y saldré disparado por el valle antes que regresen los perros.

Juan se rió del perrito que ladraba esquivándolo a la izquierda y a la derecha, brincó sobre el perrito de patas cortas y salió corriendo hacia la casa de la bruja pensando que el resto del camino sería fácil. Pero no había corrido ni diez pies cuando el perrito lo alcanzó de una pierna tirándolo al suelo.

—Babosa —le gritó Juan—. ¿Qué no sabes que voy en una misión de Dios? Pero al perro parecía no importarle y seguía agarrada a la pierna de Juan mordiéndolo, gruñendo y echándose sobre él.

Por fin Juan se pudo zafar y salió corriendo con Cara Chata tras él alcanzándolo y tirándolo varias veces.

—¿Y ahora qué haces, Dios, te estás divirtiendo? No tiene nada de chistoso haberse escapado de una jauría de perros asesinos para que esta perrita insignificante me esté mordiendo los pies.

Entonces Juan oyó risa, grandes carcajadas. Miró hacia el cielo pensando que Dios se estaba riendo de él abiertamente. Pero se dio cuenta que las carcajadas venían de detrás de él. Se volteó y allí estaba la bruja en persona, a no más de veinte pies de distancia. Tenía una pala en la mano con la que podría acabarlo. A Juan se le cayó el alma a los pies.

—¿Qué es lo que anda por aquí? ¿Un bebé ladrón? —Gritó con malicia.

—Juan tragó saliva. —¡No! —Gritó poniéndose de pie de un brinco y alzándose lo más que podía—. He venido a invocar al demonio y a todas las fuerzas del mal que usted tiene a su poder, y . . . ¡para decirle que no le temo a usted ni a sus brujerías porque mi familia tiene el amor de Dios Todopoderoso! ¿Me oye? —Agregó Juan con todo el poder y convicción de un niño de siete años—. ¡No le tememos porque seguimos el sendero del amor de Dios!

La mujer se detuvo paralizada ya que no esperaba esta respuesta, especialmente de un niño tan pequeño. A la luz de la luna Cara Chata también dejó de ladrar, inclinó la cabeza de lado y lo miró extrañada. Juan se persignó y besó el pulgar que tenía doblado sobre el índice en forma de cruz, y dijo, —La tierra no me va a tragar y ningún mal nos pasará a mi madre ni a mi familia porque llevo el amor de Dios en el corazón y usted no tiene ningún poder sobre mí.

Al oír estas palabras la bruja salió de su sorpresa momentánea y dijo, —¿Así que no tengo ningún poder? ¡Gorgojo de mierda! ¡Ya veremos! ¡Ya veremos! —Y se fue sobre Juan para golpearlo con la pala. Después de recibir tantos golpes en la cabeza durante años, Juan era muy ágil. Así que esquivó los golpes y corrió hacia la huerta con el corazón palpitando agitadamente en el pecho. Tragó saliva una y otra vez tratando de calmarse mientras corría. Cara Chata lo alcanzó y trató de agarrarle las piernas una vez más. Juan brincó y brincó, saltó y saltó, se hacía a un lado y le tiraba patadas hasta que logró seguir corriendo hasta llegar a los duraznos. Rápidamente buscó fruta,

pero no había nada en las ramas bajas. Todos los
duraznos estaban en las ramas altas. Era raro, nadie,
en toda la región, tenía duraznos en el invierno excepto la bruja. Juan estaba decidiendo a cuál árbol
treparse cuando oyó el enorme y devastador rugido de
Diablo. La jauría ya venía en su dirección. Juan trepó
al árbol más cercano tan rápido como una ardilla y
cortó uno, dos, tres, cuatro, cinco, seis duraznos
grandes, bajó del árbol y los puso en su bolso y salió
corriendo tan rápido como pudo. Pero la jauría le pisaba los talones. La bruja también.

—¡Dios del Cielo! —se dijo Juan mientras corría—.
¡Lo logré! ¡De verdad lo logré! ¡Y en frente de su cara!
¡Así que no vayas a permitir que sus perros asesinos
me alcancen ahora! —Corría lo más que podía a través
del campo abierto con la esperanza de llegar al primer
muro de piedra, treparlo y entonces . . . ay, no sabía
que iba a hacer.

La mujerona estaba frenética y les gritaba a sus
perros que se apuraran y lo alcanzaran. —¡Es un
ladrón! ¡Es un ladrón! Alcánzalo Diablo y arráncale ese
mal corazón del pecho y cómetelo de cena! —la luna
entraba y salía de entre las nubes dándole a la noche
un aire espeluznante. Juan llegó al primer muro y se
encaramó en él para ver a su alrededor. La jauría estaba a no más de cien yardas ladrándole a la noche mientras se le acercaban. Inmediatamente detrás de ellos
venía la bruja que ya estaba a cincuenta pies de él.
Juan miró a su alrededor y descubrió un promontorio
de piedras grandes no lejos del siguiente campo. —Si
puedo llegar a esas piedras, tendré una buena oportunidad de escapar. Pero necesito un garrote para defen-

derme de los perros. Ay, por favor, Dios, ayúdame, —dijo levantando los ojos al cielo.

En el momento que pedía ayuda vio a la bruja, a treinta pies de distancia, levantar la pala sobre la cabeza y darle vueltas como si fuera una reata. Lanzó la pala con toda la fuerza de su cuerpo, —¡Vete al infierno, gorgojo ladrón!

Con calma, con cuidado, Juan miró la pala que venía directamente hacia él: la larga manija de madera seguía al cucharón de metal con un silbido circular. Juan esquivó la pala con una sonrisa y brincó del muro; la pala pasó sobre su cabeza como un gran navío.

—¡Gracias! —le gritó Juan a la vieja bruja y corrió a recoger la pala para encaramarse después al promontorio de piedras que estaba en medio del campo.

—¡A mí no me des ningunas gracias! —gritó la bruja al llegar al muro—. ¡Que tu alma de ladrón se vaya al infierno por toda la eternidad! ¡He trabajado mucho por todo lo que tengo! ¿Me oyes? —Le seguía gritando a Juan mientras estaba parada sobre el muro que ella misma había construido—. ¡He trabajado mucho y tú no tienes derecho de venir a disfrutar lo mío! ¡Que te ahogues con los huesos de mis duraznos! ¡Que te ahogues! ¡Que te ahogues! ¡Que te ahogues! —Al oír las palabras "¡Que te ahogues! ¡Que te ahogues! ¡Que te ahogues hasta morir!" Juan pensó mientras corría que había sido una estupidez haber robado tantos duraznos porque, ¿cómo podrían comerlos sabiendo que habían venido de los árboles de la bruja y que un sacerdote viejo se había muerto ahogado al comerse uno de sus pollos gordos? Tiró los duraznos. El montículo de piedras se acercaba más y más mientras corría, pero los perros casi lo habían alcanzado.

—Ay Dios mío, —dijo Juan brincando sobre la yerba y el terreno desigual—. Hice mal en robarle sus duraznos porque le cuesta mucho trabajo cultivarlos. Ahora me doy cuenta de eso. En verdad que me doy cuenta. ¿Así que no podrías perdonar mis pecados como yo perdono a los que pecan contra de mí? ¡Y de hoy en adelante seré el perdonador más grande de pecados que hayas visto! ¡No bromeo, Dios, el más grande!

Podía oír los perros acercarse más y más. Se volteó y vio al perrazo negro al frente de la jauría. Estaban a menos de treinta yardas de él dando alaridos a los cielos con sed de venganza. —¡Ay, mamá, mamá, ayúdame! —gritó Juan—. ¡Creo que Dios se ha olvidado de mí!

Impulsó sus piernas lo más que pudo tratando de llegar a las piedras antes que lo alcanzara la jauría. Pensó que si podía llegar a las piedras y treparse, tal vez podría mantener a la jauría a raya con la pala. Las piedras se hacían cada vez más grandes mientras sus piernas volaban. —¡No vas a poder llegar a esas piedras, y si llegas mi perro Diablo te arrancará de allí y te tragará vivo! —la bruja empezó a reír, gritar, y cantar—. ¡Ja, ja, ja! Vas a recibir tu merecido. ¡Ja, ja, ja! Todos ustedes los hombres ladrones van a recibir su merecido. ¡Ja, ja, ja! ¡Éste es el Día del Juicio para todos ustedes!

—Caramba, no es muy buena para perdonar los pecados de los demás —se dijo Juan mientras corría—. ¿Estará bailando también?

Sintió ganas de voltear a verla, pero sabía que no podía. Ya tenía a los perros casi encima. Podía oír su respiración y apestaban horriblemente.

Llegó a las piedras grandes y empezaba a subir cuando sintió un fuerte dolor agudo que le desgarraba el pie. Se volteó y vio que Diablo lo tenía agarrado del pie y trataba de meterse toda la pierna en el hocico gruñendo y mordiendo, jalando y rompiendo. Juan pateó, jaló y gritó con toda su alma y trató de pegarle al enorme perro con la pala. Entonces llegaron los otros perros por todos lados y le brincaron encima tratando de comérselo también.

La última cosa que Juan vio antes de desmayarse fue una figura enorme como de caballo con alas que llegó volando del cielo y cayó sobre la jauría. Un poderoso ángel repartió golpes con un garrote con cabeza de acero haciendo pedazos a los perros. A la vez apareció otro ángel más grande y éste agarró a Diablo del pescuezo y lo estranguló.

Durante todo esto la bruja lloraba histéricamente y gritaba —¡No, no, no! ¡Por favor! ¡No, no, no! —El ángel más grande se dio vuelta y tomó a la bruja entre los brazos con gran ternura y la llamó—, Mamá.

Juan pensó que eso era muy chistoso. Nunca se le había ocurrido pensar que las brujas también podían ser madres cariñosas, y menos de ángeles. Y eso fue lo último que recordó Juan. Después se perdió en la inconciencia y no supo más.

Al despertar se dio cuenta que estaba en la habitación de sus padres, en cama y tapado con varias cobijas. Le dolía todo el cuerpo. Hasta la cabeza le dolía con sólo mirar alrededor del cuarto. Trató de relamerse los labios pero no podía mover la lengua.

Tragó saliva varias veces. Tenía tanta sed que no sabía qué hacer. Agua. Necesitaba mucha agua inmediatamente. Trató de levantarse para ir a buscar agua, pero al moverse, el cuerpo entero se le estremeció de dolor.

—Ay, Dios mío —dijo—. ¿Qué me pasó?

—Mamá, ya despertó. —Emilia gritó en la distancia.

—¡Ya era hora! —Su madre respondió del otro cuarto—. ¡Ya son casi tres días! —Entonces se acercó rápidamente junto con Emilia.

—Así que por fin resucitaste —dijo su madre sonriéndole—. Ay, mi'jito, qué gran susto nos has dado. ¿Pero qué fue lo que te hizo hacer esa locura? Ya sabes cómo son de locos Domingo y sus amigos. ¿De veras creíste que su interpretación de los designios del Señor sería diferente de lo que piensa el resto del mundo? —Suavemente lo tomó de la nuca con la mano derecha y lo levantó un poco para poder darle cucharadas de la infusión líquida que le había preparado.

—Ay, mi'jito, que sorpresa me has dado. Eres mi hijo menor y todos estos años te he criado para que te des cuenta en lo más profundo de tu ser que las cosas de la vida no son necesariamente verdad. Especialmente cuando te hacen daño a ti o a los demás.

Juan oyó las palabras de su madre como si estuviera en un sueño lejano. Y sintió el líquido caliente resbalársele lentamente por la garganta. De pronto estaba profundamente dormido, soñando, soñando que veía el caballo volador y al ángel que venían del cielo para dispersar la jauría de perros enloquecidos una vez más. La mamá coyote se le apareció una vez más y le sonrió. Juan se sintió tan bien y cómodo con la coyote a su lado. Entonces sintió que le levantaban la cabeza y que le daban otra cucharada de esa infusión líquida. Al abrir los ojos vio que su madre era en realidad la coyote que le sonreía mientras le daba la infusión. Entendió por qué la coyote había estado tan dispuesta a llevarse la jauría lejos de él. La mamá coyote era su propia madre querida.

—Bébete esto —le decía su madre al darle la cucharada con la suave cuchara de madera.

—Y recuerda que te he estado criando todos estos años para que seas un hombre considerado y no un hombre perdido que destruye todo lo que cae a sus manos porque se siente alejado de la felicidad de poder dar a luz.

—Ay, mi'jito, te quiero. Te quiero tanto. Tienes que prometerme que nunca más vas a hacer una cosa semejante sin consultarme antes. Te has vuelto un pequeño hombre, y un hombre siempre necesita la opinión de una mujer para pulir sus decisiones, igual que las piedras rotas necesitan el agua de los ríos para pulir sus aristas y hacer las piedras lisas y redondas. Créemelo las decisiones de cualquier hombre para ser completas necesitan la influencia de la mujer. Así como el jardín de la mujer necesita la participación del hombre para dar vida.

—Lo que me lleva a otro asunto, mi'jito. Quiero que te des cuenta que doña Josefina no es bruja. No me importa lo que diga la gente. No es bruja. Es sólo una mujer amargada y sola que ha cultivado su terreno ella misma porque un hombre la engañó en su juventud, igual que muchos hombres han engañado a mujeres desde el comienzo del tiempo. Por eso es medio rara y no confía en los hombres, especialmente desde que el arriero abusó de ella. Pero es básicamente una buena mujer, un poco loca, asustada como muchos de nosotros cuando perdemos la fe en Dios.

—Pero, créemelo, no es ninguna bruja. Eso es sólo el rumor que va de boca en boca, especialmente de los hombres que no pueden soportar que una mujer se valga por sí misma y le vaya bien.

—Vamos, bebe, te tienes que poner fuerte otra vez. Faltan sólo unos cuantos días para la Navidad y luego una semana después tenemos la boda. Esa pobre mujer trabaja tanto para cultivar sus duraznos y no tendría ninguno para vender si no los tuviera amedrentados a ustedes los niños con sus rarezas.

Mientras bebía la infusión de la lisa cuchara se podía dar cuenta que a su madre le caía muy bien esta mujer a la que siempre había conocido como bruja.

Se pudo dar cuenta también que sí, en realidad, su madre era una coyote. De verdad que lo era. Sus ojos, su boca, su trato amable y amoroso. Era totalmente una mamá coyote maravillosa y amante, y ella había sido la que lo rescató cuando lo perseguía la jauría de perros.

En ese momento Juan oyó pasos fuertes y José y Luis entraron en la habitación.

—Juan —dijo José—, Luis vino a verte. Ha venido a verte todos los días desde el accidente.

—Eso no fue accidente —dijo Luis con convicción—. Fue un mensaje directamente de Dios para Luisa y para mí. Ahora podemos casarnos conociéndonos mejor. Juanito, gracias a ti fue que se acabaron los rumores que han corrido por el valle todo este tiempo y que nadie se había atrevido a decírmelo a la cara, ni a la de mi querida madre!

—¿Ustedes son los . . . los . . . ángeles que me quitaron los perros de encima? —preguntó Juan sin poder ver bien todavía.

José sonrió, —Sí, Luis y yo somos esos ángeles.

Luis se acercó y tomó la mano de Juan tiernamente.

—Destruimos a todos los perros. Ahora puedes venir por casa cuando quieras sin temor. Te aseguro que en el otro mundo no hay mal, pero en este mundo con todos los miedos y celos que la gente esconde en el corazón, ¿quién sabe?

—Tú eres mi jefe —continuó Luis—. Mi alma, mi héroe, mi salvador. Y mi pobre madre te va a decir lo mismo una vez que se le pase la tristeza por sus perros. Sí, tuvimos que matarlos a todos, excepto por Cara Chata. Cuando llegamos no te estaba mordiendo. Como la dama educada que es, pensó que ya había hecho su parte llamando al resto de la jauría y estaba sentada mirando con su cabeza ladeada en ese ángulo chistoso que siempre tiene. —Luis se rió y le besó la frente tiernamente.

—Ya está bien por hoy. Necesita dormir para recuperar sus fuerzas. Ay, ya sabía que esos muchachos locos andaban haciendo maldades cuando te mandé que los buscaras. Ya lo presentía.

—Y tenías razón, Mamá —dijo José.

—Apenas si llegamos a tiempo.

—Sí —dijo Luis—, y si José no fuera el mejor jinete en la región no hubiera podido brincar sobre los muros de piedra montado a pelo con tanta facilidad y llegar antes que los perros pudieran hacer más daño.

Juan no oyó nada más. Estaba soñando de nuevo y la mamá coyote estaba cuidándolo una vez más. Se sintió feliz, le sonrió a la coyote, y las palabras de Luis, "en el otro mundo no hay mal" seguían resonando en su cerebro como música. Se dio cuenta su querida madre se podía convertir en una mamá coyote cuando quisiera, pero esto no quería decir que fuera bruja. No, simplemente era una mujer fuerte, de corazón indomable.

No había brujas. No había mal en el otro mundo.

Todo eso eran rumores que venían del miedo y los celos que la gente esconde en sus corazones.

Llegó la Navidad y toda la casa se invadió del aroma de comida cocinada y horneada. Había mucha actividad en frente de la casa. Toda la familia estaba allí: treinta y tantos primos con sus padres. Don Pío, el abuelo materno de Juan, también había venido a la montaña desde Piedra Gorda con su novia joven.

Emilia y José entraron a la habitación donde estaba Juan. Emilia le dijo, —¡Vamos, holgazán! ¡Mamá dijo que te trajéramos a la sala donde te hemos preparado una silla especial para ti! —Estaba tan contenta y esto hacía que Juan se sintiera bien.

José levantó a Juan en brazos con cuidado para no lastimarle la pierna que Diablo casi se había comido y lo cargó al otro lado de la casa.

Todos los niños se acercaron a Juan. En el valle no se hablaba de otra cosa que no fuera él. De hecho se decía que era tan valiente, que la sangre le circulaba al revés.

Domingo miraba cómo todos los primos felicitaban a Juan y le preguntaban si era verdad que se había enfrentado a la bruja cara a cara en medio del campo, y si él solo había peleado con la jauría.

Al ver a todos los primos hablarle a Juan con tal

adoración la cara de Domingo se llenó de furia y celos. De pronto, de la nada, Domingo sintió una mano fuerte que lo tomaba del hombro. Era José. —Si quieres que la gente te vea así, hermanito —dijo José—, la próxima vez tú haz las cosas difíciles y no empujes a los más chicos a que las hagan por ti.

—Pero es el más joven —interrumpió Domingo—. El más puro de corazón y el cura siempre nos ha dicho que. . .

—No me vengas con eso —le dijo José calmadamente—. Los dos sabemos que uno puede tomar las palabras de la Biblia o del sacerdote y torcerlas para que digan cualquier cosa tramposa que quieras. Recuerda lo que nuestra madre querida siempre agrega a la Biblia o a las palabras del cura: ¿Le hacen daño a alguien? ¿Causa más dolor y confusión? ¿O nos trae un poco más de paz y comprensión a nosotros los mortales perdidos?

—Mírame a los ojos. No eres ningún tonto, Domingo. Eres inteligente y podrías ser un buen líder, pero, y te digo esto con toda sinceridad, tienes que dejar de ir a esconderte detrás de los chiqueros para hacer tus hechos heroicos. —Cara a cara los dos hermanos mantuvieron la mirada. Uno era pequeño, oscuro y mayor. El otro tenía el pelo rubio, de huesos grandes y menor.

La tensión era tanta que Domingo estaba a punto de estallar. En ese momento la puerta del frente se abrió y entraron Luis y su madre. La mujer venía bien vestida y llevaba en la mano una canasta cubierta con un paño. Nadie había visto a la bruja tan bien vestida en todos estos años. El cuarto se llenó de silencio. Hasta don Juan, el padre de los muchachos que había estado hablando en voz alta y bebiendo tequila con un par de sus parientes güeros, dejó de hablar. Nadie se movía. Todo el mundo, niños y adultos por igual, no le quitaban la vista. Fue doña Margarita, que había estado hablando con don Pío y su hermosa novia joven, que finalmente se levantó y atravesó la sala. Caminó directamente hacia la mujer alta y bella y su hijo, que le aventajaban en estatura.

—Bienvenida a nuestra humilde casa, doña Josefina —dijo doña Margarita—. Tenerla aquí con nosotros bajo nuestro techo es verdaderamente un gran honor; ¡Feliz Navidad!

—¡Feliz Navidad! —dijo la alta y corpulenta mujer. Cautelosamente miró alrededor del salón las docenas y docenas de caras que había visto a distancia a lo largo de los años, pero nunca tan cerca.

—El honor es mío, doña Margarita. Me siento . . . bueno, muy contenta que me hayan invitado a mí y a mi hijo a pasar la celebración del nacimiento de Nuestro Señor Jesucristo con usted y su familia.

Se escucharon algunos suspiros profundos ya que no esperaban que la bruja se atreviera a pronunciar el Santo Nombre de Cristo.

Pero doña Margarita no estaba sorprendida en lo más mínimo y dijo, —De hoy en adelante usted y su hijo están invitados a pasar los días festivos de la Navidad con nosotros. Porque quiero que todos sepan, —añadió, tomando a la bruja de la mano y volteándose para ver a todo mundo—, que de hoy en adelante doña Josefina y su hijo Luis son parte de nuestra familia, y serán queridos y respetados como miembros de la familia aquí en la tierra, y después en el cielo también.

Dos de los primos más pequeños soltaron unas risitas tontas. —Aquí en la tierra, tal vez sí —susurró uno—, pero, ¿cómo va a entrar al cielo una bruja? —Todos los niños se rieron tontamente.

La mamá de Juan se volteó hacia Juan y los otros niños y los vio reírse. Rápidamente se acercó a ellos con la bruja de la mano. —Y niños quiero que cada uno de ustedes conozcan personalmente a doña Josefina y que le den la mano.

Los niños se quedaron paralizados de terror. Rápidamente Domingo y unos cuantos más se hicieron chiquitos y trataron de escaparse, pero José estaba a un lado de ellos y Luis llegó por el otro. Domingo y los otros que pensaban escaparse se paralizaron.

—Vengan, uno por uno den un paso adelante y denle la mano a doña Josefina —dijo doña Margarita una vez más. Pero ningún niño se atrevía a pasar al frente. Todos se quedaron atrás aterrorizados. No les importaba lo que había dicho doña Margarita. Creían que esta mujer era de verdad mala.

Al ver el miedo que le tenían los niños, doña Josefina respiró profundo y dijo, —No tienen que darme la mano, doña Margarita. —Los ojos se le llenaron de lágrimas—. Después de todo los niños no hacen más que . . . lo que quisieran hacer sus padres, pero . . . que no tienen los pantalones para hacerlo!

Un clamor de susurros llenó el salón.

Secándose los ojos doña Josefina se volteó a su hijo Luis. —Vente, vámonos, te dije que era un error que me trajeras aquí hoy. ¡Esta buena gente no me aceptará ni en un millón de años!

—Pero, Mamá —dijo Luis sin poder hacer nada

más—, tenemos que intentar y . . .

—¡Entonces quédate, si quieres! —lo cortó—, pero yo me voy. —Se dio vuelta con toda la dignidad que era capaz y empezó a caminar cuando oyó la voz de un niño que dijo—, Me gustaría estrechar su mano, señora.

Doña Josefina se paró en seco. Ella y todos los demás buscaron al que había hablado. El grupo de niños se hizo a un lado y allí estaba Juan sentado en la gran silla que le habían preparado. Tragó saliva y repitió, —Me gustaría estrechar su mano, señora.

—Oye, no eres tú el que . . . —la corpulenta mujer dejó de hablar. Las manos, los brazos, las piernas de Juan estaban todavía cubiertas de golpes hinchados y heridas moradas.

—Sí —dijo Juan— yo soy el que . . ., bueno, quiero decirle que me arrepiento de . . .de . . . —y los ojos se le llenaron de lágrimas y tuvo que tragar saliva varias veces antes de poder continuar. Había un silencio total—. Lo que quiero decir es que yo sé que usted trabaja mucho para cultivar sus duraznos, señora, y yo no tenía ningún derecho en robárselos, aunque crea que usted es una bruja.

Algunos se quedaron sin aliento, otros no podían respirar. El salón estaba lleno de toses y estornudos nerviosos. Algunos empezaron a abanicarse para poder respirar.

—Juan, tienes que pedir disculpas por lo que acabas de decir —dijo doña Margarita.

—No señora —dijo doña Josefina—, por favor no lo obligue a pedir disculpas por decir lo que piensa. Porque la verdad es que la mitad de la buena gente en este salón piensa igual pero no tienen el valor de

decírmelo a la cara. —Miró alrededor del salón. El
salón estaba absolutamente quieto. Entonces se
volvió a Juan—. Gracias niño por reconocer que trabajo mucho para cultivar mis duraznos. Acepto tu dis-
culpa. Y en cuanto a lo que crees que soy bruja,
bueno, qué te puedo decir, excepto que . . .

—¡No tienes que explicar nada mamá! —gritó Luis
que se había parado cuan alto era, los nervios de su
poderoso cuello se le abultaban como cuerdas de lo
enojado que estaba.

—Pero yo quiero explicar —dijo la mamá—. No
quiero que tengas que salir huyendo de este valle
como tuvo que hacerlo tu hermano.

Respiró hondo. —No soy ninguna bruja —les dijo a
todos: hombres, mujeres y niños—. ¿Me oyen? No soy
ninguna bruja. Quizá he actuado como una a lo largo
de los años al ser excesivamente protectora de mis
árboles. Y estoy segura que el usar estiércol y las tripas y sangre de los animales para alimentarlos ha
dado mucho que hablar, pero . . . ¡pero eso no me hace
bruja! Eso sólo demuestra que soy una mujer que no
tiene mucha confianza en la gente, especialmente en
los hombres, y demuestra que sé lo que hago cuando
cultivo árboles y plantas.

—Mi mango, mis duraznos de invierno no son el
logro de la brujería. No son el logro de, bueno . . .
—Los ojos se le llenaron de lágrimas. . .— de la ciencia que el viejo sacerdote me enseñó junto con otras
maravillas de la vida. —Dejó de hablar y empezó a
llorar. Luis abrazó a su madre tiernamente. Luisa
también se acercó y abrazó a su futura suegra.

Unos cuantos empezaron a susurrar, pero nadie
habló en voz alta. Estaban atónitos. Estaban pasmados.

Estaban estupefactos. Jamás hubieran imaginado en mil años que esta corpulenta, poderosa y furiosa mujer —a la que todos consideraban bruja— estaría llorando tan tiernamente en el hombro de su hijo.

—Bueno, —dijo doña Margarita dando un paso adelante después de un momento de silencio—. Como les decía, quiero que cada uno de los niños se presente con doña Josefina, y Juan ha sido el primero en querer hacerlo.

—Ah, sí, perdón —dijo la corpulenta mujer—, nada más deje que me seque los ojos, por favor.

Y todos miraron cuando la poderosa mujer se secó los ojos y se acercó a Juanito para presentarse.

—Tanto gusto en conocerte —le dijo sonriendo—. Últimamente mi hijo Luis me ha platicado mucho de ti.

Le extendió a Juan su mano dura y enorme. Juan miró los enormes dedos y la palma callosa y la estrechó. Le pareció que era tan pesada como una gran piedra.

—¡Feliz Navidad! —dijo con los ojos llenos de alegría—. Y mira, te traje una canasta de duraznos.

—Eran los duraznos más grandes y bonitos que habían visto todos—. Y de ahora en adelante —siguió diciéndole a Juan—, cuando quieras algunos, sólo pásate por la casa y entre los dos los cortaremos. Así no te llevarás los duraznos verdes como hiciste la otra noche.

—¿Estaban verdes? —preguntó Juan atónito.

—Sí —contestó riéndose—. ¡Verdes, verdes!

—Ay, no —dijo Juan riéndose también. Entonces al ver la canasta llena de duraznos y aspirar su rico aroma, Juan tomó uno y lo mordió—. ¡Ay, Dios mío, esto es el Paraíso!

—Así es —dijo la alta mujer—. Y ésas eran exactamente las palabras que el pobre sacerdote viejo siempre me decía —dijo, y los ojos se le llenaron de lágrimas una vez más—. Ay, era un hombre bueno, un muy buen hombre. Que Dios lo tenga en el cielo con él. —Añadió persignándose—. Yo lo quería. En verdad lo quería. Era todo mi bien y mi mal aquí en la tierra, todo envuelto en un bendito ser humano, ¡lo juro!

Y en ese momento toda la gente en el salón se dio cuenta quién había sido el padre de José Luis. Sí, esta alta y corpulenta mujer y el sacerdote se habían amado como hombre y mujer.

Otros empezaron a persignarse rápidamente. Porque éste era en verdad un momento especial, un momento sacro.

Entonces habló una niña. La más pequeña del salón que sabía hablar. —Si le doy la mano y la dejo que me abrace y me bese —dijo la niña—, me dará un durazno también.

La gente empezó a reírse, a descongelarse, a relajarse.

—Pues sí —dijo doña Josefina—, por supuesto.

—Ay, qué bueno, señora bruja —gritó la pequeña abriendo los bracitos para recibir el abrazo y el beso.

Todo el salón se llenó de risas. Hasta Domingo se había contagiado finalmente del espíritu del momento.

La niña y doña Josefina se abrazaron y el resto del día pasó feliz. La gente no dejó de reír y sonreír mientras se servían la comida especial y la bebida que habían sido preparadas durante toda la semana. Después de todo la temible mujer del valle no era bruja. No, era una pobre alma perdida, como cada uno de ellos cuando estaban solos y tenían miedo.

Juan estaba sentado en su silla especial como en un trono, como un pequeño rey regocijándose del nacimiento del único hijo de Dios. Cuando llegó la hora de cantarle al nacimiento de Jesús, Juan podría jurar que vio a Jesús dejar de estar triste colgado allí a la entrada de la puerta. Se enderezó y le sonrió ampliamente a Juan cerrándole el ojo izquierdo.

Nota del autor

Mi padre siempre me decía que este suceso fue decisivo en su formación. —Cuando abusas de los demás y mientes y haces trampa, lo haces porque tienes miedo —me decía—, y te conviertes en una persona pequeña y asustada. Pero cuando sin importarte defiendes la verdad con todo tu amor, convicción y espíritu, te vuelves valiente, fuerte y adquieres agallas.

Años más tarde cuando alguien rompió un ventanal en la casa recordé las palabras de mi padre. Llamé a mis muchachos y a sus diez primos y les pregunté quién lo había hecho. Nadie decía nada. Les pedí que tuvieran las agallas de ser sinceros. Después de un tiempo habló uno de los primitos y dijo que él había aventado la piedra, pero que mi hijo se había agachado y por eso se había roto la ventana.

—¿Dices que mi hijo la rompió porque se agachó?

—Bueno, sí, de cierta manera.

—Mira —le dije—, deja de echar la culpa a otros. No eres político. Ten valor y dime quién es el responsable.

Tenía miedo. Tenía mucho miedo. Pero finalmente dijo, —Fui yo, yo rompí la ventana.

—Fantástico —dije y saqué un billete de veinte dólares y se lo di. Estaba estupefacto, y ahora todos querían decirme las maldades que habían hecho también. Un chiquito hasta se ofreció a romperme otra ventana.

—No, no quiero más ventanas rotas. Escuchen bien, su primo recibió el billete, no por haber roto la ventana, sino porque tuvo el valor de decir la verdad sin saber si lo iba a castigar o no. ¡Este muchacho va a llegar lejos! Tomó la decisión de decir la verdad sin importarle las consecuencias. Para eso se necesitan agallas.

Como ven, es como mi padre siempre me decía. Somos como las decisiones que tomamos. Las decisiones y el valor de mantenerlas contra viento y marea. Y en este relato, aunque mi padre era más joven y más débil llega a ser el héroe, y su hermano más grande y más fuerte no es nadie. Y así pasa en la vida. Los que abusan de los pequeños, tarde o temprano se vuelven "nadie", y los que fueron atormentados se convierten en "alguien", si —y este "si" es muy importante— tienen el valor de aguantar sin amargarse.

Así es que, en mi opinión, éste es el mejor regalo que nos podemos dar a nosotros y a Dios: mantener la fe y aspirar a las estrellas mientras nos examinamos nosotros mismos con todo el poder y la magia que Dios nos ha dado.

La muerte de un asesino

—¡Allí viene el coronel! ¡Allí viene el coronel! —gritó un muchachito que corría descalzo por la calle empedrada del pequeño asentamiento. Estaba casi oscuro y Juan entró corriendo y gritando a su casa—. ¡Apúrate Mamá, allí viene el coronel!

Emilia empezó a gritar aterrorizada. La última vez que el coronel y sus hombres los habían hallado, habían golpeado y violado a Emilia en frente de doña Margarita para que los Villaseñor pudieran ver lo que les pasaba a los que no obedecían la autoridad. Pero la gran mujer, doña Margarita, no esquivó su responsabilidad. No, se hincó y empezó a rezar rehusándose cerrar los ojos ante los horrorosos abusos que estas tropas federales estaban cometiendo con Emilia. Los había visto con los ojos bien abiertos y había rezado, rosario en mano, pidiéndole a Dios que los perdonara y que no culpara a sus madres de cuyo vientre habían venido.

Al oír las palabras de doña Margarita un soldado no pudo violar a Emilia y se puso tan furioso con la vieja que se subió los pantalones y se fue sobre ella, al otro lado del cuarto, para golpearla. Pero otro soldado lo tiró. En ese momento las tropas federales se enfurecieron y empezaron a pelear entre sí hasta que el coronel llegó para separarlos y les dijo que eran unos tontos débiles porque no sabían cómo tratar a una mujer. Entonces le arrancó el rosario de la mano a doña Margarita y le dio una cachetada y la llamó, "india estúpida". Después despedazó el rosario regando al viento las gastadas cuentas.

Rápidamente Luisa y doña Margarita trataron que Emilia dejara de gritar y la condujeron fuera de la casa por la puerta trasera para poderse esconder en los arbustos bajo la pared de la ramada. Estaba casi oscuro; había sólo un poco de rosado y amarillo pálido en la línea del horizonte occidental que parecía pintado con largas pinceladas horizontales. Se podía oír la entrada del coronel y sus hombres, el eco de los cascos de los caballos sobre el empedrado, Emilia empezó a llorar de nuevo gimiendo como una pequeña niña perdida. Quería su muñeca. Desde la violación y golpiza que recibió nada la calmaba, excepto su pequeña y sucia muñeca echa jirones. Era una muñeca que le habían regalado cuando era niña. La habían mandado traer desde España y en una época había sido una deslumbrante bailadora de flamenco con ropa elegante y pelo rubio verdadero.

—Vuelvo corriendo y se la traigo —dijo Juan con el corazón aterrorizado de miedo.

—¡Ah, no, claro que no! —dijo su madre—. ¡En cuanto ven un pequeño movimiento empiezan a disparar! ¡Ya sabes cómo nos temen y nos odian! ¡No, tú te quedas donde estás!

—Pero, Mamá —dijo Luisa que llevaba varios meses de embarazo—. Si no va y le trae su muñequita nos hallarán y esta vez quizá hasta nos matarán. Por favor, déjalo ir rápidamente antes que se acerquen más y la oigan.

Emilia lloraba y gemía, y el coronel y su tropa ya venían a mitad de la calle. Caminaban despacio, confiados, cada caballo caminaba seguro de sí mismo —caballos bien alimentados y soldados bien armados caminando por el empedrado, observando cada casa, cada sombra a su paso. Habían matado casi a todos los varones de más de doce años en esa área y pensaban que no quedaba nadie a quien temer. Sabían bien que los viejos y niños que quedaban habían visto tanta muerte en los últimos años que ya no tenían valor de nada.

—Mamá, Luisa tiene razón —dijo Juan. Tenía diez años y había estado huyendo, escondiéndose y esquivando balas durante los últimos tres años de su vida—. ¡Tengo que hacerlo ahorita mismo!

Rápidamente se puso de pie de un brinco y corrió de los arbustos, brincó la barda y cruzó la ramada. El coronel y sus hombres habían recorrido sólo tres casas de la calle. Tenía que hallar la muñeca de su hermana y regresar al escondite inmediatamente, o los hallarían. Dios mío, tenía mucho miedo y su corazoncito le palpitaba rápidamente.

Miró por toda la cocina al entrar a la casa, pero no vio la muñeca. Corrió hacia la parte de atrás buscando en la cama donde Luisa y Emilia dormían juntas. Desde la muerte de José Luis, Luisa dormía con Emilia. Así se podían reconfortar durante la noche.

No halló nada. Corrió hacia el cuarto donde él y su madre dormían sobre un petate en el piso. La última vez que habían estado allí los soldados habían sacado toda su ropa y sus muebles a la calle y les habían prendido fuego en frente de su casa. Estos soldados estaban determinados a enseñarles lo que les pasaba a los que criaban hijos que se atrevían a soñar con el cielo y que se pensaban seres orgullosos.

Aunque buscó frenéticamente, tampoco halló la muñeca allí. En ese momento oyó el llanto de su hermana y el eco del repicar de los cascos de los caballos que se acercaban más y más. Estaba seguro que los iban a hallar. Corrió a la cocina en busca de un sartén o un cuchillo para aventarles a los soldados y hacerlos que lo persiguieran a él para que no hallaran a su madre y a sus hermanas. Fue entonces que vio la muñeca de su hermana. Estaba allí mismo en la repisa de la ventana rota de la cocina y su fina carita reflejaba la última luz del sol.

Juan agarró la muñeca y salió disparado hacia la ramada a sólo unos pasos de los caballos. Se dejó caer, gateando a lo largo de las ramas torcidas de la ramada con el corazón golpeando contra la tierra. Y estaba por soltar la muñeca sobre el muro de piedra para su madre y sus hermanas cuando un soldado oyó el ruido y detuvo su cabalgadura.

—¿Qué es eso? —gritó el soldado sacando la pistola y disparando una, dos, tres veces hacia las ramas de la oscura, enredada ramada.

Al oír los disparos doña Margarita y sus hijas miraron hacia arriba y vieron la mano de Juan colgando sobre la parte superior del muro. Su mano se abrió soltando la muñeca y después se puso como de trapo. La vieja bailadora de flamenco bajó dando tumbos por las hojas y ramas de los arbustos hasta llegar a las ansiosas manos de Emilia. Emilia inmediatamente se calmó como si hubiera recibido un regalo del cielo. ¡Doña Margarita usó todo su poder para reprimir un grito de horror! Juan estaba muerto. Había perdido toda su fuerza en la mano. Ahora podía oírse la enorme y estruendosa voz del coronel.

—¡Deja de desperdiciar parque, pendejo! —Tronó el coronel—. ¡Este pueblo no tiene nadie más que valga la pena que le disparemos!

Los hombres del coronel se rieron y continuaron su camino por la calle empedrada disparando de vez en cuando y riéndose por el camino. Habían ganado; el coronel pensó que habían matado a todo hombre, mujer y niño que habían visto huir por el camino bamboleándose de miedo—. Y cualquiera que pudiera estar vivo todavía —pensó el coronel—, desearía mejor haberse muerto.

Esa noche el hermano pequeño de Mateo, Peloncito, quien le había dado a Juan su piedra lisa de buena suerte la noche de la bruja, vino a ver a Juan. Se había corrido la voz que las tropas federales le habían hecho tres agujeros de bala a Juan, pero que su madre, la gran curandera, doña Margarita, había pasado los agujeros de bala de su cuerpo a su ropa floja salvándole la vida. Peloncito halló a Juan y a su familia en lo más cerrado del bosque que estaba abajo del pueblo. Iban a dormir fuera unas cuantas noches en caso que regresaran los soldados.

Después de ver los tres agujeros en la ropa de Juan, apenas unas pulgadas debajo del cuello del lado izquierdo, Pelón le comentó a Juan que el último de sus hermanos había sido asesinado hacía sólo dos días.

—Llegaron ya tarde mientras comíamos, pero no corrimos —dijo Pelón con los ojos llenos de lágrimas—, porque yo tengo diez años y Alfonso apenas tenía doce, y habían matado a Mateo y a mis hermanos mayores, así que bueno mi madre dijo "¡no corran! Sigan comiendo y nos dejarán en paz". Pero no fue así. Mataron a Alfonso cuando estaba sentado mientras se comía un taco de frijoles.

Nadie supo qué decir. Había habido tantas muertes en los dos últimos años, que Dios mío, parecía que nunca iba a acabar. En cuanto un muchacho empezaba a mostrar cualquier indicio de llegar a la pubertad, lo mataban ahí mismo. Y se corría la voz que estos asesinatos continuarían hasta que cada hombre, mujer o niño con sangre de indio fuera erradicado para que México pudiera tomar su lugar merecido entre las naciones modernas del mundo.

—Mira —Pelón le susurró a Juan una vez que estaban dormidas las mujeres—. Ya descubrí un plan para matar al coronel, pero necesito tu ayuda.

Juan miró a su alrededor pues no quería que su mamá o sus hermanas oyeran. Se puso de pie y él y Pelón salieron a la pradera más allá de los árboles. Había luna y el cielo estaba lleno de miles y miles de estrellas. Se sentaron cara a cara como dos pequeñas piedras oscuras y Pelón le explicó todo a Juan.

—Mira, Juan, éste es nuestro único chance de hacerlo —dijo Pelón—, ahora que el coronel piensa que nos ha matado a todos y que ha empezado a usar los mismos senderos todo el tiempo para subir hasta acá.

Juan asintió. Podía adivinar que era un buen plan y que el tiempo era apropiado ahora que el coronel estaba tan confiado que subía a su gusto por los senderos principales. Pero todavía había el problema de un arma. Hacía mucho tiempo que todas las pistolas y rifles habían sido confiscados por los federales. No se podía conseguir un arma en ninguna parte de las montañas.

—No, no es verdad —dijo Pelón—. Vi donde mis

hermanos escondieron dos rifles buenos antes que los mataran. —Se puso de pie—. ¿Vienes conmigo?

Juan estaba sentado en el suelo mirando hacia arriba al amigo de su infancia a quien había conocido desde que aprendieron a caminar. —Sí —dijo Juan poniéndose de pie y agarrando la mano de su amigo—. ¡Voy contigo a lo macho!

—¡A lo macho! —repitió Pelón y le dio un abrazo a Juan. Dos muchachitos de diez años cada uno, lleno de miedo, destrozado y cansado; no sabían qué otra cosa podían hacer.

—Mira —dijo Pelón secándose los ojos—, contigo a mi lado, ¿qué nos puede salir mal? Tú fuiste quien se enfrentó a la bruja solito y escapaste de tres de las mejores balas del coronel, ¡y no perdiste ni una gota de sangre! Sé que nada nos puede fallar. ¡Dalo por hecho! ¡Pasado mañana, antes que el sol nos llegue al pecho, el coronel estará muerto y esta tierra será libre otra vez!

Y se apretaron en un largo abrazo, sabiendo muy bien cada uno que no tenían ninguna posibilidad de triunfar. Pero no había nada más que pudieran hacer porque mañana les nacería un poco de vello en el labio superior o crecerían un poquito más y entonces les tocaría ser ejecutados. Ahora, sólo mientras fueran niños todavía, tenían la oportunidad de llevar a cabo su plan.

★★★★★

Dos días después Juan se encontró con Pelón en los barrancos profundos al norte del pueblo. Ya era tarde y sólo les quedaba un par de horas de luz solar.

—¿Le dijiste a alguien? —preguntó Pelón. Pelón

tenía tanto pelo en su gruesa melena que desde que era pequeño todo el mundo lo fastidiaba por su pelo diciendo que todos los bosques del mundo desaparecerían antes que Pelón se volviera calvo.

—No —dijo Juan—. No le dije a nadie.

—¿Ni a tu mamá? —preguntó Pelón.

A Juan lo molestó esta pregunta. —¡Ni a mi mamá! —lo cortó—. ¡Dios mío, estaría loca de preocupación si le dijera lo que vamos a hacer!

—Está bien, cálmate —dijo Pelón—. Cálmate, sólo estaba checando. Tenemos que tener mucho cuidado con lo que vamos a hacer

—¿Ya tienes el rifle? —preguntó Juan.

—Claro. Lo tengo allí en esas piedras envuelto en un sarape y cubierto de hojas.

Juan miró fijamente la pila de piedras grandes y no pudo ver nada. Le dio gusto que Pelón hubiera escondido bien el arma. Después de todo no querían que los vieran cargando el rifle por todo el campo.

Ahora miró a Pelón. Había algo diferente en este amigo de su infancia; sus ojos ya no eran los de un niño.

—Vente —dijo Pelón—, vamos a repasar mi plan una vez más. Llevas la sangre de don Pío en las venas, así como tu hermano José, por lo tanto debes ser bueno para planear una estrategia. Ay, mis hermanos se maravillaban de la estrategia de José para la batalla. Nuestros hermanos eran grandes, ¿verdad?

—Sí —dijo Juan. Y casi añadió—, Si sólo hubieran vivido. Pero no lo dijo. Se aguantó.

Fueron a las rocas y se agacharon hasta desaparecer, calentaron un par de taquitos, y comieron mientras hablaban. El sol por fin se estaba metiendo y pronto podrían viajar sin ser vistos.

El plan de Pelón era sencillo. Había estado observando las tropas federales por días y se había dado cuenta que el coronel y sus hombres subían de las tierras cálidas por el mismo sendero. Y cada vez descansaban los caballos a tres cuartos del camino de subida en una pequeña cuenca donde había agua y pasto. El coronel se había acostumbrado a alejarse un poco de sus hombres para cagar sobre un tronco grande caído desde donde podía vigilar el sendero de arriba y de abajo.

—Así que como ves —Pelón le había explicado a Juan—, lo que tengo que hacer es llegar ahí la noche anterior, enterrarme en la tierra y cubrirme de hojas y ramas quebradas. Entonces por la mañana, cuando se haya bajado los pantalones y esté cagando, simplemente me levanto y le disparo a una distancia de diez pies para no fallarle.

El plan podía dar resultado, Juan estaba seguro, si sólo cubría bien a Pelón con las hojas y ramas, y el coronel venía por el mismo camino y cagaba igual que siempre, y a Pelón no le faltara el valor.

—Mira —dijo Juan—, he estado pensando en este plan cuidadosamente y en verdad creo que puede dar resultado. Pero, bueno, va a tomar mucho valor de tu parte para que te estés allí quieto toda la noche y luego no te dé pánico o te muevas cuando el coronel y sus hombres lleguen montados haciendo mucho ruido y pisoteando todo con sus caballos.

—Yo tengo el valor —dijo Pelón—. Créemelo, tengo el valor. Después que mataron a Mateo y a todos mis hermanos, ¡no he pensado en nada más que en esto!

—Sabes —dijo con los ojos llenos de una extraña

calma—, el coronel tiene razón. Nunca va a haber paz en México hasta que nos maten a todos, ¡a la chingada con estos malditos!

Juan quedó sorprendido. No había esperado que este odio, este poder, esta convicción pudiera venir de uno de sus amigos más chicos. Pero se dio cuenta que él se había estado engañando a sí mismo. Porque él también estaba furioso por dentro y quería matar, quería destruir a este cabrón coronel y a todos sus hombres. ¡Ay, los abusos, los horribles crímenes que estos hombres habían cometido en nombre de la ley y el orden eran monstruosos!

—Está bien —dijo Juan—, estoy de acuerdo contigo que no va a haber paz en México hasta que nos maten a todos, pero no vamos a ser nosotros. Son ellos los que tienen que morir. Ellos no trabajan los campos, no protegen sus hogares ni sus familias, así que son ellos los que tienen que morir. Tenemos que vivir como decía mi hermano José. Nosotros los sumisos que le damos el alma y el corazón y el sudor de nuestras espaldas a nuestro pedazo sagrado de tierra.

—Tienes razón —dijo Pelón—. Y es por eso que tenemos que hacer esto. Vamos.

—Espera un momento —dijo Juan—. Sólo quiero ver el rifle. También después que te entierre, ¿cómo vas a saber cuándo levantarte y empezar a disparar, especialmente si te entierro tan bien que no puedas ver y que no te puedan ver?

Pelón no supo qué decir. Pero no le duró mucho tiempo. —Supongo que sabré que debo salir disparando cuando oiga sus primeros pujidos y pedos.

Los dos muchachos se echaron a reír.

—Entonces más vale que coma bien esta noche y

beba mucho para que puje mucho y se tire grandes y ruidosos pedos mañana, —añadió Juan riéndose aún más.

Y allí iban dos muchachitos cargando una vieja escopeta de retrocarga hecha en casa que no había sido disparada en años para acabar con el hombre más temible y famoso de la región. El sol se había puesto y el cielo occidental estaba teñido de largas tiras rosa, amarillo y oro. Las nubes parecían recargadas en la distante montaña llamada Cerro Gordo. Todas las pequeñas colinas ondulantes y valles que había entre Cerro Gordo y Cerro Grande estaban verdes y exuberantes, hermosas y tranquilas.

Los dos muchachitos empezaron a silbar mientras caminaban. Tenían una gran convicción que lograrían lo que se proponían y por eso iban felices.

En el cielo la última parvada de pájaros negros con cola partida llegaba para ir a dormir a los pastizales de los lagos poco profundos de la montaña. Había sido otro día bueno en la tierra sagrada de Dios y la noche llegaba ahora rápidamente. Unas cuantas estrellas primerizas aparecieron brillando intensamente en el cielo. Ah, qué bueno era estar vivo con la cabeza en alto y disfrutando del maravilloso cielo nocturno con el corazón lleno de esperanza y alegría.

★★★★★

Nadie sabía dónde estaba Juan y doña Margarita estaba muy preocupada. Se preguntaba si la desaparición de su hijo tenía algo que ver con la visita de Pelón la noche anterior. Decidió pedir a Luisa que dejara de buscar a Juan. Tenía un ligero presentimiento que los dos muchachos estarían haciendo algo y que era mejor no llamar la atención al hecho que Juan no estaba en casa.

Doña Margarita tomó lo que quedaba del otrora elegante rosario de su padre hecho a mano y salió a rezar afuera. El sol había desaparecido y la noche llegaba y pronto estaría oscuro. Doña Margarita empezó a rezar poniendo su alma en las manos de Dios y con la profunda convicción que todo resultaría en el Bien Sagrado, si no perdía la fe y le permitía a Dios obrar y se ajustaba a los vaivenes de la vida y no les daba mucha importancia a esos temores que venían de su débil mente humana. Pues ella sabía que los vaivenes de la vida no se podían entender con la mente, sino que tenían ser sentidos con el corazón y dejarlos florecer con la sabiduría del alma que nos ha dado Dios.

Ay, si no fuera por su total fe en Dios, estaba segura que no hubiera podido sobrevivir ese terrible día en que el coronel y sus hombres habían abusado de Emilia.

Pero con los pies bien puestos en la tierra fértil de la Madre Tierra, había sobrevivido y había logrado continuar con su vida, así como lo haría ahora. Éste era el poder de la vida; éste era el poder de atraer la luz de Dios con todo el aliento. Llenar el ser con tanta luz que ningún oscuro y malévolo pensamiento de miedo o duda pudiera existir en todo su ser.

Ahora doña Margarita continuó rezando con la vista puesta en el Padre Cielo y los pies plantados en la Madre Tierra, sin saber a ciencia cierta dónde estaba su hijito, pero perfectamente consciente que había puesto su alma en el poder infinito de Dios, y su alma hallaría de alguna manera los medios para ayudar a su hijo. Rezó y el universo escuchó y las estrellas se iluminaron aún más.

★★★★★

Bajando por los árboles los muchachos llegaron a la pequeña cuenca. Ya estaba oscuro y necesitaban andar despacio, con cuidado, y no dejar ningún rastro de haber pasado por allí. Había pasto en los lugares abiertos y hojas y ramas quebradas bajo los árboles. Entonces se oyó un ruido. Se quedaron paralizados, sin mover un músculo, y miraron a su alrededor casi sin mover la cabeza y el cuerpo.

Dos ojos los miraban desde los árboles. No podían determinar lo que eran esos ojos hasta que vieron el movimiento rápido de las orejas. Entonces se dieron cuenta que era un venado. De hecho, ahora se pudieron dar cuenta que era una cierva y su cervatillo que había salido de detrás de ella.

—Mira, mira —dijo Pelón dejando escapar su miedo. Los dos muchachos habían estado sin respirar, muertos de miedo—. Pensé que era un tigre o tal vez un soldado. Sabes que si el coronel fuera listo —continuó Pelón—, pondría un grupo de soldados detrás para llevar un récord de los senderos. Eso es lo que haré cuando me junte con Villa —agregó feliz.

—¿Vas a juntarte con Pancho Villa? —preguntó Juan también sintiéndose bien que hubiera sido un venado.

—Sí, claro. O nos unimos a los rebeldes o nos quedamos aquí en estas montañas dejadas de la mano de Dios hasta que nos maten a todos. Esto no va a parar cuando matemos al coronel, sabes. Mandarán a otros.

—Bueno, ¿entonces para qué lo matamos? —preguntó Juan. Había supuesto que una vez que mataran al coronel todo se acabaría.

—Porque el hijo de su . . . —Pelón empezó a gritar lleno de ira.

En ese momento la cierva brincó, volteó la cabeza, y se alejó con largos y ágiles saltos. Su cervatillo la siguió con pequeños brinquitos bailarines. Los dos muchachos se agacharon y se quedaron inmóviles. No podían saber qué había espantado a la venada, pero estaban llenos de miedo una vez más. Pelón le hizo a Juan una seña que lo siguiera y se arrastraron silenciosamente por la tierra, sus corazoncitos palpitando rápidamente.

Gateando entre los arbustos se acostaron con el pecho contra la buena Tierra. Juan se acercó a la oreja derecha de Pelón y le susurró, —Mira, tal vez no debamos enterrarte ahorita mismo. Pienso que debemos esperarnos hasta el amanecer cuando podamos ver mejor. Esa venada estaba muy espantada.

—Tal vez fue porque subí la voz —dijo Pelón.

—Quizá —dijo Juan—, pero quizá no, creo que debemos esperar.

—No sé —susurró Pelón—. Han estado llegando por aquí muy temprano.

—Sí, ¿pero qué tal si la situación no se ve bien en la mañana? Una vez que estés enterrado, Pelón, no hay remedio. No podemos simplemente desenterrarte. Creo que debemos esperar hasta que haya luz para que podamos ver. Entonces te puedo enterrar cuidadosamente y limpiar el área para que parezca que nadie ha estado por aquí.

Pelón miró a su alrededor, pensando la situación, y después dijo, —Está bien, confío en tu opinión. Sólo espero que no venga muy temprano y nos encuentre dormidos.

—No va a poder —dijo Juan—. ¡Recuerda que esta noche va a comer y a beber mucho para que pueda tirarse pedos largos y sonoros mañana!

Los dos muchachos se rieron silenciosamente tratando de mantener la voz baja. No sabían todavía lo que había espantado a la cierva y querían ser muy cuidadosos.

—Sabes —dijo Juan mirando al cielo—, creo que tal vez debemos rezar.

—¿Todavía rezas? —preguntó Pelón—, ¿después de todo lo que les ha pasado a nuestras familias?

Al principio Juan quedó sorprendido por la pregunta de Pelón, pero se recuperó y dijo, —Sí, claro. De hecho, probablemente rezamos más ahora que antes.

—Juan se hincó entre los arbustos donde se escondían y empezó a rezar mientras Pelón sólo miraba. En el cielo las estrellas seguían parpadeando, cerrando el ojo, llenando el cielo de belleza y maravilla.

—Vamos —dijo Juan a Pelón—, reza conmigo. En la mañana tendremos mucho tiempo para todo.

—Bueno —dijo Pelón—. Ojalá y tengas razón.

Y entonces los dos muchachos rezaron juntos. La cierva regresó a la pradera con pasto y empezó a pacer. Lo que la había espantado ya había desaparecido. Los muchachos se sintieron mejor y recuperaron la confianza en sí mismos al ver que la venada y su cría regresaban, y terminaron de rezar.

—Buenas noches, Dios amado —dijo Juan terminando de rezar—. Y durmamos en paz y cuídanos durante toda la noche.

—Y ayúdanos mañana —añadió Pelón—, que no fallemos, pues somos puros de corazón y sólo queremos proteger nuestros hogares y a nuestras familias.

Los dos muchachos salieron de los arbustos persignándose y se pusieron cerca de la cierva y su cría. Era una noche magnífica, llena de miles de estrellas brillantes, sin nubes. La cierva y su cría miraron a los niños, pero no se dieron a la fuga. Los dos animales parecían estar completamente en paz.

—Me pregunto —dijo Juan—, si los animales también rezan. Mira qué relajados y felices se ven ahora.

—Los animales no rezan —dijo Pelón riéndose—, ¿estás loco?

—No —dijo Juan—, mi madre siempre nos decía que rezar tranquiliza el corazón, y mira qué tranquilos están esos venados ahora.

Pelón miró los venados y después a Juan. —¿De veras que tu madre movió esos balazos de tu cuerpo a tu ropa? Sabes, muchos han empezado a decir que tu madre es la verdadera bruja de la región, pero que es una bruja buena porque va a la iglesia todos los días.

—¡Mi madre no es ninguna bruja! —cortó Juan.

—Mira, no quise ofenderte —dijo Pelón—. Sólo que, bueno, ¿de veras movió los balazos de tu cuerpo a tu ropa?

Juan no quiso contestar. Había estado incosciente cuando lo habían traído dentro de la casa. —No sé. Me dijeron que una bala me había pegado tan cerca de la cabeza que me hizo perder el conocimiento. Pero sí, eso fue lo que me dijeron cuando recuperé el conocimiento. Me dijeron que me habían visto las otras dos balas en el cuerpo y que estaba muerto hasta que mi madre encendió las velas y me puso las manos encima y empezó a rezar.

—Entonces tu madre es bruja de verdad —dijo Pelón persignándose y abriendo los ojos a lo máximo.

—¡No, no lo es! —dijo Juan—. Es que las mujeres vienen de la luna, tú lo sabes. Y bueno cuando muestran su poder, y los hombres se dan cuenta que no pueden manipularlas, les empiezan a llamar brujas. Pero no lo son. ¡Son sólo mujeres, carajo! ¡Mi madre no es ninguna bruja! ¡No es más bruja que tu madre!

—¡No le digas bruja a mi mamá! —gritó Pelón.

—Bueno, entonces no le digas bruja a mi mamá tampoco. Carajo, tu madre ha hecho cosas maravillosas también. Nadie se explica cómo hace para que su maíz siga dando, aún cuando los soldados lo pisan y lo queman.

Pelón se calmó. —Esta bien —dijo—, tienes razón. Mi madre también hace cosas maravillosas, así que no voy a llamar bruja a tu mamá. Pero dime, ¿cómo es que sabes tanto de estas cosas? —Preguntó el muchacho con los ojos todavía llenos de miedo—. No eres brujo, ¿verdad?

—Claro que no —dijo Juan, realmente cansado del tema—. Es que todas las noches cuando mi madre nos acuesta, nos cuenta historias.

—¿Qué clase de historias?

—Bueno, historias sobre la magia de la vida. Historias que nos dan fuerza y esperanza, alas de entendimiento para que no importe qué tan feo sea el mundo a nuestro alrededor, sintamos siempre el poder del aliento de Dios . . . iluminándonos, justo como esa luna y las estrellas.

—Ya veo —dijo Pelón—, así como esa luna y las estrellas, ¿verdad?

—Sí —dijo Juan—, así como esa luna y las estrellas.

El cervatillo se había acercado más a los muchachos. Era obvio que Pelón aún no estaba convencido de las palabras de Juan y que todavía tenía muchas preguntas, pero Juan no quería oír más del asunto. Estaba agotado. Desde que el soldado le había disparado, todos le preguntaban lo que su madre había hecho por él y si era cierto que lo había resucitado.

—Estoy cansado —dijo Juan—. Creo que debemos encontrar un lugar para acostarnos a dormir.

—Mira, el cervatillo quiere olernos, —añadió Juan sonriendo y estirando la mano hacia el cervatillo. El cervatillo estiró el cuello olfateando la punta de los dedos de Juan—. Te apuesto a que los animales rezan —dijo Juan—. Así es como logran vivir rodeados de leones y de todos los otros peligros con tanta paz y felicidad.

—Quizá tengas razón —dijo Pelón pensando que ningún cervatillo se acercaría tanto a un brujo porque era bien sabido que los animales salvajes podían detectar lo que había dentro del corazón de un humano—. Vente, también yo estoy cansado. Vamos al árbol cerca del tronco caído donde el coronel hace caca y allí hallaremos un lugar para dormir.

—Bueno —dijo Juan poniéndose de pie lentamente. No quería espantar al cervatillo.

Los dos muchachos caminaron hacia el enorme árbol. Llegaron a unas gruesas raíces que unos puercos habían arrancado y formaron un pequeño refugio. Querían alejarse del viento y el frío para poder descansar bien durante la noche.

El cervatillo los había estado observando y los vio desaparecer entre el hueco de las raíces y se acercó para ver qué les había pasado. La cierva siguió a su cervatillo y vio a los niños preparándose para dormir. Se paró a un lado de los muchachos como centinela.

Juan recordó abrir los ojos y ver a la mamá ciervo parada cerca de ellos y se dio cuenta que su propia madre había venido en forma de venado para protegerlos. Pero no le dijo nada de esto a Pelón. No quería confundirlo más.

Las estrellas parpadeaban en las alturas, por millares cerraban el ojo, y la luna también irradiaba su luz mágica. Había sido otro buen día y ahora se convertía en una buena noche. No había brujas ni demonios al otro lado. No, lo único que había era el miedo y los celos que la gente llevaba en el alma.

—Buenas noches —dijo Juan al milagro de los cielos—. Gracias, Mamá —le dijo a la cierva. Respiró más fácilmente y se volvió a dormir, sintiéndose seguro. Soñó con praderas verdes y venados felices rezándole al Todopoderoso.

Los dos muchachos estaban profundamente dormidos cuando oyeron los resoplidos de los primeros caballos del coronel subiendo la empinada cuesta. Rápidamente abrieron los ojos sin saber qué hacer. Dios mío, los habían agarrado desprevenidos. Y ahora no podían ponerse de pie y echar a correr, los podrían ver y los matarían. Se vieron mutuamente y luego levantaron la cabeza lo más que se atrevieron y miraron a través de las raíces desplazadas. Vieron que los soldados ya estaban en la cuenca. Algunos ya se habían bajado de los caballos y los habían puesto a pacer. Otros llevaban sus caballos al agua para que bebieran. Entonces oyeron la enorme y profunda voz del coronel y se dieron cuenta que estaba directamente detrás de ellos. Pero no se atrevían a dar la vuelta para verlo.

—Llévate mi caballo —gritó el coronel eructando

ruidosamente. Se oía como alguien enfermo del estómago.

—¡Ahí! ¡Ahí! ¡Lárgate mucho a la chingada!

Podían oír al soldado hacer lo que se le ordenaba, tomar las riendas del caballo del coronel y llevarlo rápidamente pasando tan cerca de los muchachos que vieron los cascos del caballo mientras pisaba las enormes raíces del árbol.

Entonces llegó el coronel y pasó aún más cerca con sus grandes botas de cuero brillando en la temprana luz de la madrugada. Se agarraba de las ramas de los árboles mientras caminaba haciendo que se cayeran las hojas y eructaba a cada paso. Caray, tenía serios problemas estomacales. Ay, estaba en malas condiciones. Podían oler el olor fétido que emanaba.

Juan y Pelón se miraron y si no hubieran tenido tanto miedo, se habrían echado a reír. Esto era exactamente lo que deseaban. No creían tener tanta suerte. Ahí estaba el coronel, a sólo quince pies de ellos, desabotonándose el cinturón de la pistola, y bajándose los pantalones. Se volteó dándoles la espalda y, apenas alcanzó a poner su gran culo blanco sobre el tronco caído cuando empezó a cagar con estruendosas explosiones.

Rápidamente Pelón buscó el rifle, todavía envuelto en un sarape, debajo de él. Trató de desenvolver el rifle lo más rápido y silencioso que podía, pero apenas podía moverse en el espacio reducido. Juan tenía la vista fija en el coronel, rezaba para que tuviera tanta caca y pedos como para que siguiera moviéndose y no los oyera. Finalmente Pelón desenvolvió el rifle, pero lo tenía apuntando en la dirección equivocada. Trató de enderezarlo rápidamente golpeando a Juan en la cara. Al ver el enorme cañón de la escopeta retrocarga hecha en casa, Juan exclamó, —¿Eso es todo? ¿Es esa nuestra arma?

—¡Silencio! —susurró Pelón entre dientes mientras empujaba la enorme escopeta entre las ramas apuntándola a la espalda del coronel.

—¡Pero no va a disparar! —dijo Juan—. ¡Pensé que teníamos un rifle de verdad!

Pero Pelón ya no escuchaba a Juan y amartilló los dos grandes percusores hacia atrás y habló en voz alta. —Coronel —dijo con voz clara y sonora—, ¡soy el hermano pequeño de Mateo! —Y mientras el coronel se volteaba para ver quién había tenido la osadía de acercársele por atrás y molestarlo mientras hacía sus necesidades, Pelón jaló los dos gatillos. Pero no pasó nada; los percusores simplemente no se movieron. En un instante el coronel comprendió la situación: dos muchachitos con una escopeta de retrocarga de la época de Benito Juárez parapetados tras las grandes raíces de un árbol trataban de matarlo.

Rápido, como un felino, se subió los pantalones y trató de alcanzar el cinturón del revólver. Pero en ese mismo instante Juan golpeó los percusores con una piedra y la vieja arma explotó. El cañón de tubería se partió en dos y una fuente de piedras y pequeñas piezas de hierro usado salió volando en dirección del coronel. Los dos muchachos fueron aventados hacia atrás por la explosión arrojando a Pelón violentamente contra el suelo al otro lado del hueco. El coronel fue arrojado hacia atrás al otro lado del tronco. En un instante sus hombres estaban gritando, cubriéndose y disparando.

Juan salió del refugio y trató de recuperarse del

golpe para que pudieran salir corriendo. Pero lo que hizo Pelón fue algo que Juan nunca olvidaría. Pelón no se echó a correr. No, se recuperó del golpe, y corrió hacia el coronel que se retorcía de los terribles dolores, sacó la pistola de su funda y se la vació en la hinchada panza desnuda. Las balas de los soldados llovían alrededor de la cabeza de Juan, pero a éste no le importaba. Sólo cuando vio que el enorme hombre malo estaba muerto, Pelón tiró la pistola y se fue corriendo adonde estaba Juan. Entonces salieron disparados como venados entre los árboles y arbustos mientras los soldados seguían disparándoles.

—¡Lo maté! —gritó Pelón mientras corrían—. ¡Lo maté y me miró a los ojos y supo quién era yo antes de morir! ¡Que alegría! —Algunos soldados montaron sus caballos y trataron de perseguirlos, pero los muchachos conocían esas montañas como las palmas de sus manos y cortaron por los atajos brincando de peña en peña dejando muy atrás a los hombres armados. Finalmente llegaron a los cañones profundos donde crecen las orquídeas silvestres, e iban a empezar el ascenso de la montaña cuando se tropezaron con la cierva y su cervatillo. Los ciervos habían pasado la noche allí.

—Espera —dijo Juan—, tal vez éste sea un buen lugar para escondernos durante el día. No queremos subir y toparnos con los soldados o alguien que nos pueda delatar.

—¿Quién nos va a delatar? —preguntó Pelón. Estaba tan emocionado que quería saltar—. ¡Lo maté! ¡Lo maté! ¡Por Dios que fue fenomenal! Verlo retorcerse. ¡Le metí una bala en la panza por cada uno de mis hermanos! ¡Lo logramos, Juan! ¡De veras que lo logramos!

—Sí, lo logramos. Pero ahora tenemos que mantener la calma para que no nos maten también. Ven, vamos a ese escarpado y acostémonos como hacen los ciervos y no hagamos ruido hasta que llegue la noche.

Y apenas se habían escondido cuando aparecieron cinco soldados a caballo por el fondo del cañón y un indio viejo a pie que les servía como guía. Los dos muchachos dejaron de respirar viéndolos pasar abajo entre los árboles. El indio paró y miró en su dirección por un momento, pero después siguió su camino por abajo del cañón llevándose los soldados con él.

—¿Viste cómo miró el indio hacia nosotros? —preguntó Pelón.

—Sí —dijo Juan—, él sabe que estamos aquí. Más vale que nos vayamos antes que den vuelta en círculo y nos lleguen por detrás.

Los dos muchachos salieron corriendo tan rápido como podían subiendo el escarpado y espantaron a la cierva y a su cervatillo que habían dormido encima de las raíces que los cubrían.

—¡Más vale que ustedes también corran! —les dijo Juan a los ciervos mientras pasaban junto a ellos.

Pero los venados no corrieron con ellos. Corrieron al revés, cuesta abajo. Juan y Pelón iban llegando a la cima del escarpado cuando oyeron disparos abajo.

Juan se detuvo. —Mataron a los venados —dijo.

—¿Cómo lo sabes? —preguntó Pelón.

—Simplemente lo sé —dijo Juan con los ojos llenos de lágrimas. Y salió disparado corriendo hacia casa tan rápido como podía. Tenía que ver que su anciana amada madre estaba bien.

Dos días después, Pelón desapareció. Se rumoraba que se había unido al ejército de Francisco Villa y que le habían dado el rango de capitán, convirtiéndolo en el oficial más joven que Villa había recibido en su ejército.

Nota del autor

En la vida real Rambo, John Wayne y Arnold Swarzenegger y todos los demás héroes falsos de las películas lo ven todo al revés. No se necesitan grandes músculos ni todas estas armas modernas para ser súperhombre o súpermujer. ¡Todo eso son mentiras superficiales! No es qué tan grande sea el perro, sino qué tan grande es su corazón, su valor.

Cada uno de nosotros, no importa qué tan joven o pequeño sea, podemos defendernos una vez que decidimos hacerlo. Nuestro poder es la convicción de nuestro corazón. La verdadera convicción está en nuestro corazón, en tomar la decisión que estamos en lo cierto y que vamos a realizarlo, sin importar las consecuencias. El coronel había matado a más de quinientas personas y abusado de miles más, comunidades enteras, y aún así, estos dos muchachitos le dieron su merecido. Nadie, pero nadie, puede abusar de la gente todo el tiempo. Aun los más humildes y buenos de corazón terminarán por rebelarse y por ser reconocidos.

Mi padre y su amigo no hicieron esto por la gloria o por las medallas o para probar nada a nadie. No, lo hicieron por el amor que le tenían a sus familias, el amor a sus madres, hermanas, hermanitos y a su pedacito sagrado de la sagrada tierra.

Todos valemos, somos gente de valor. ¡Lo que tenemos que hacer es decidirnos a tomar la decisión y a cumplirla!

Toreando el tren

Durante los siguientes días Juan conoció a muchos muchachos de su misma edad mientras esperaban al lado de los rieles del ferrocarril. Había muchachos de toda la República Mexicana que estaban camino al norte, a los Estados Unidos con sus familias, para escapar la Revolución Mexicana.

A algunos de los muchachos les gustaba hacer apuestas así que Juan organizó carreras con ellos para ver quién era el más rápido y también tiraron piedras para ver quién era el más fuerte. Y Juan, que tenía once años y que siempre había creído que era muy fuerte y rápido, perdió todas las competencias.

Muchos de los muchachos eran realmente fuertes, especialmente los indios tarascos pura sangre del estado de Michoacán. De hecho, Juan pensó que algunos de ellos eran tan buenos como su hermano, Domingo, que tenía cinco años más que él, era de piernas largas y uno de los más rápidos y fuertes de toda la región de Los Altos de Jalisco.

De los hermanos, Domingo y Juan eran los más cercanos en edad y se habían criado juntos. Juan echaba mucho de menos a Domingo. Había desaparecido sólo dos meses antes que dejaran sus montañas queridas. Pero su madre pensaba que todavía había la posibilidad que Domingo estuviera vivo y que no lo hubieran matado como a sus otros hermanos mayores.

Juan y sus nuevos amigos jugaban a lo largo de la
vía del tren y por entre las casas quemadas fingiendo
ser Pancho Villa y Emiliano Zapata y otros héroes de
la Revolución. Casi todos tenían nueve, diez, once
años y deseaban vehemente que llegara el día que
fueran adultos para tomar las armas.

Juan les contó a los muchachos los muchos sucesos
de la guerra que había visto en Los Altos de Jalisco y
lo valiente y bravos que habían sido sus hermanos y
tíos.

Al oír las historias de Juan, los otros niños con-
taron sus historias también y poco a poco Juan llegó a
entender que estos muchachos eran grandes men-
tirosos o en otras partes de México les había ido verdaderamente peor que a su familia en sus montañas
aisladas.

Pues la guerra no había llegado de verdad a los
Altos de Jalisco hasta hacía un año. Antes de eso,
José, el mejor hermano de Juan y unos cuantos
muchachos habían mantenido la guerra alejada de
sus montañas, igual que años antes don Pío y su
policía rural habían logrado mantenerlos libres de las
gavillas de bandidos.

—¡Mira! —dijo Juan, pegándose en las piernas con
una vara—. ¡Soy el famoso caballo Cuatro-Calcetines
Blancos de mi hermano! Y allí vienen quinientos
jinetes tras de mí, ¡pero yo brinco la barranca y ellos
se caen y se matan!

—Yo también —dijo otro muchacho llamado
Eduardo—. ¡Yo soy el gran Villa! Y aquí vengo para
ayudarte, Juan, con mis Dorados del Norte, ¡los
mejores jinetes de la tierra!

—Ah, no, no lo son —dijo un tercer muchacho llamado Cucho—. ¡La caballería del General Obregón, al mando del coronel Castro es la mejor!

—Oye, ése es mi primo —dijo Juan entusiasmado—. ¡De parte de mi madre! ¡El quinto hijo de mi tío abuelo, Agustín!

—¡Pero pensé que estabas de parte de Villa! —dijo Eduardo. Tenía casi doce años y era el más fuerte de todos.

—¡Claro que estoy de parte de Villa! —dijo Juan. ¡Pero también estoy de parte de mi primo! ¿Cómo podría no estarlo, eh?

Los muchachos jugaban y se retaban mutuamente a correr y a tirar piedras. Entonces llegó el día que Juan y su familia tuvieron que partir al norte. Se subieron al tren junto con miles de otras personas y se metieron en uno de los altos vagones vacíos de ganado. Pero el piso estaba tan lleno de estiércol de vaca que tuvieron que salir y sacar toda la caca a mano antes que pudieran hallar un lugar dónde sentarse para empezar el largo viaje al norte.

Pero en cuanto se sentaron y se empezó a mover el tren, Juan se paró y se escapó del vagón junto con cinco de sus nuevos amigos.

El día anterior Juan, Eduardo, Cucho y tres muchachos más habían hecho una apuesta para ver quién era el más macho de todos. La apuesta consistía en ver quién se quedaría al lado de la vía mientras el tren se movía y quién era el último en correr y de un brinco subirse al tren.

A este juego le llamaban "Toreando el tren" y los seis muchachos sabían que éste era un juego muy arriesgado porque si no lograban subirse al tren y se separaban de sus familias, podría ser para toda la vida.

El corazón de Juan latía violentamente de miedo mientras miraba parado las enormes ruedas de hierro rodando lentamente en frente de él y arrastrando la larga fila de vagones por la vía. Miraba el tren sobrecargado de gente atiborrada en los furgones, con sus maletas y cajas apiladas en el piso. El corazón se le desbordaba, pero se aguantó y miró a la gente agarrada de cualquier manera que podía para llegar a la seguridad del norte. Juan estaba poseído por el demonio; sabía que éste sería un suceso único.

Después de todo era un Villaseñor y llevaba sangre de Castro y toda la semana anterior los muchachos le habían ganado a correr y a tirar piedras. Pero ahora les enseñaría en un gran reto rápido su verdadero valor interior. Porque él, Juan, era el niño que había adquirido reputación de hombre en la región montañosa a los seis años, cuando probó tan valiente que se decía que la sangre le corría al revés.

Ay, nunca se le olvidaría esa noche. Había luna llena y la bruja del lugar le iba a hacer un maleficio a su familia. Así que le tocaba al más joven, al de corazón más puro, redimir a la familia. Y lo había logrado.

Mojándose los labios Juan miró a sus amigos cuando las ruedas del tren empezaron a moverse un poco más rápido. Se sentía como un gallito de pelea. Después de todo llevaba la sangre de su abuelo, don Pío, en las venas.

—Ya te está dando miedo, ¿verdad? —le dijo Eduardo a Juan cuando pasó rápidamente ante ellos. Era el mayor y el más fuerte de todos, y el segundo más rápido.

—A mí no —dijo Juan.

—Ni a mí tampoco —dijo Cucho.

Las grandes ruedas de hierro daban vuelta más rápido, chirriando metal contra metal, conforme pasaba la larga fila de vagones y coches plataforma. Ese día viajaban cinco mil personas y no habría otro tren al norte por semanas.

El corazón de Juan empezó a latir precipitadamente. Ay, cómo deseaba que los muchachos se espantaran y corrieran hacia el tren, para que él pudiera también correr a alcanzar a su familia.

Las enormes ruedas de hierro daban vuelta más y más rápido. Una voz dentro de Juan le decía que pusiera fin a este juego ridículo brincando hacía adelante y se subiera al tren para reunirse con su madre mientras todavía podía. Pero no se movió. No, simplemente se esperó junto a los otros muchachos negándose a ser el primero en rajarse.

Los sonidos de las grandes ruedas dando vueltas, deslizándose sobre los brillosos rieles de acero se hacían más y más fuertes. El enorme y largo tren —con más de cincuenta vagones y dos locomotoras— estaba aumentando la velocidad. Finalmente uno de los muchachos más jóvenes no pudo aguantar más y gritó.

—¡Yo me voy! —Brincó hacia delante alcanzando uno de los vagones que pasaba y se subió columpiándose.

—¡Es que quiere a su mamá! —se rieron los muchachos.

Juan y los demás se rieron de él diciendo que era un niñito cobarde.

Caramba, si el último vagón del tren, el cabús, no había pasado todavía; así que ridiculizaron al niño.

Pero en lo más profundo de sus almas sabían que había hecho bien y que todos deseaban estar con sus mamás también.

Entonces llegó el último vagón del tren, con buena velocidad, aunque no tan rápido como para que un buen corredor no lo alcanzara. Juan sonrió sintiéndose bien. Ahora sí que hacían falta agallas para no llorar y correr. El cabús del tren pasó frente a la cara de Juan golpeando hierro contra hierro. Lo dejó a él y a los otros niños atrás avanzando por el largo y desolado valle. Un segundo muchacho gritó lleno de miedo, —¡Esto es una estupidez! ¡Podríamos perder a nuestras familias para siempre! —y salió disparado hacia el cabús del tren y se subió.

Una vez más, Juan y los muchachos que quedaban se rieron y lo llamaron cobarde.

—Bueno, esto quiere decir que sólo quedamos los meros machos —dijo Juan mientras miraba el tren que iba más rápido en el largo y plano valle.

—Sí, pero al menos yo soy el más rápido, así que puedo esperar. No sé qué están haciendo ustedes aquí con lo lentos que son. Se hacen cuatro días a caballo hasta el próximo pueblo.

Y tan pronto terminó de decir esto Cucho, el más rápido de ellos, salió corriendo en la vía. Juan quería gritar de miedo, pero no lo hizo. Se aguantó. Tenía que hacerlo. Era de Los Altos de Jalisco, después de todo.

—Pinche Cucho —dijo Eduardo que se había quedado con Juan y otro muchacho—, está tratando de espantarnos, carajo, un hombre fuerte siempre puede caminar más rápido que cualquier tren. Lo único que se necesita es agua.

—Claro —dijo Juan tratando de aparentar que él tampoco tenía miedo. Pero por dentro se estaba meando de miedo, así de aterrorizado estaba—. Un hombre fuerte siempre puede sobrevivir con pura agua, —añadió. Juan se aguantó allí al lado de los dos niños indios larguiluchos, pero era muy difícil. En su interior empezaba a perder la fe. Al fin de cuentas no era uno de los más rápidos. Y el tren se alejaba más y más.

En ese momento otro muchacho salió corriendo. Era alto y rápido, pero aún así no podía alcanzar al tren. Se agarró el sombrero corriendo lo más rápido que podía columpiando los brazos y levantando los pies descalzos y se acercó al fin del tren en movimiento. Pero no podía subirse.

Juan miró a Eduardo que estaba a su lado.

—¡Carajo, ya le ganamos a Cucho, el más rápido de todos, ya demostramos quiénes somos!

—¡Sí, vámonos!

—Sí —dijo Juan—, ¡los dos ganamos!

Se echaron a correr por la vía y a la distancia vieron que el último muchacho había alcanzado al tren. Trató de subirse, pero perdió el equilibrio y los pies casi se le metieron entre las ruedas de hierro.

Al ver esto Juan gritó lleno de terror y corrió con todas sus fuerzas; corrió como lo hacía en las montañas donde creció, con los brazos columpiándose y los pies subiendo. Corría y corría acercándose al tren, pero el esfuerzo lo estaba minando.

En ese momento la parte delantera del tren llegó a un pequeño decenso. Repentinamente todo el tren se tiró hacia delante acelerando aún más. Eduardo corrió lo más rápido que podía y pasó a Juan.

Juan vio alejarse al tren y pensó en su madre y en su hermana. Podía imaginarse la pena y el terror en la anciana cara de su madre cuando descubriera que él no estaba en el tren y que había perdido a otro hijo. Los ojos se le llenaron de lágrimas y sintió el miedo más grande que había sentido en toda su vida.

—¡Mamá! ¡Mamá! —Gritó lleno de angustia.

Seguía corriendo con toda el alma y corazón. La gente que había subido al techo de los vagones vio a los dos niños correr tras ellos. Pensaron que eran sólo muchachos del pueblo que estaban jugando, así que sólo se despidieron de ellos agitando la mano.

Preso del repentino conocimiento que había perdido a su madre para siempre, Juan perdió toda esperanza, se tropezó, cayó boca abajo sobre las filosas piedras entre los durmientes y se abrió la boca.

Se quedó allí ahogándose y escupiendo sangre y los ojos llenos de lágrimas. El indio alto y flaco, que iba unos quince pies delante de él, regresó caminando despacio.

El largo tren había desaparecido ya. Ya iba a un cuarto de milla de distancia silbando y acelerando aún más y más rumbo al norte de la ciudad de León hacia Aguascalientes, Zacatecas y Gómez Palacios donde debía parar para cargar combustible antes de seguir a Chihuahua y a Ciudad Juárez que está al otro lado de El Paso, Texas, en los Estados Unidos.

Al regresar, Eduardo vio que Juan estaba ensangrentado y le ofreció la mano.

—Bueno —dijo Juan poniéndose de pie y limpiándose la sangre de la cara—, ¡Vamos! ¡Tenemos que alcanzar ese tren!

—No seas loco, mano, —dijo el muchacho alto y

flaco en un tono relajado—. Ni siquiera un caballo lo podría alcanzar ahora.

—Pero tenemos que alcanzarlo —dijo Juan desesperado—. Nuestras familias están en ese tren.

—Sí —dijo el muchacho alto sin alterarse—, es verdad, pero también tengo un tío y una tía en León, así que puedo tomar el próximo tren.

—¿Quieres decir que todavía tienes familia por aquí? —Gritó Juan poniéndose repentinamente furioso y perdiendo todo el miedo.

—Bueno, sí —dijo el muchacho sin saber por qué Juan estaba tan enojado.

—¡Bueno, entonces mentiste! —gritó Juan—. ¡Me engañaste! ¡Apostaste sabiendo que no iba toda tu familia en el tren!

El muchacho sólo se rió. —Bueno no. Por supuesto que no. Sólo un pendejo apostaría todo.

—¡Pinche . . . Pinche . . .! —dijo Juan.

—Oye, no me digas malas palabras porque te agarro a chingadazos, Juan. Soy el más fuerte, ¿te acuerdas? No tendrías ningún chance.

—¡Me cago en tu fuerza! —le dijo Juan al muchacho—. ¡Te peleo hasta la muerte aquí mismo! ¡Vamos, peleemos como si lo hubiera ordenado el demonio!

Al ver la loca furia de Juan el muchacho más grande se echó para atrás. —Oye mano, lo siento —dijo—, mira puedes venir y quedarte conmigo y mi familia hasta que nos vayamos.

—¡Métete a tu familia en la oreja! —dijo Juan—. ¡Yo voy a alcanzar ese tren! —Recogió su sombrero y se dio vuelta echando a correr por la vía.

El tren estaba tan lejos ahora que se veía apenas como una pequeña línea negra echando humo al final del largo y plano valle. A una larga distancia en frente del tren Juan podía ver un montón de pequeñas colinas rojas del mismo tamaño de majadas, pero no aminoró el paso. Su madre, el amor más perfecto que había conocido en el mundo, estaba en ese tren. Así que correría hasta el fin del mundo para alcanzarlo.

★★★★★

El sol estaba en su apogeo y Juan le hablaba a Dios al brincar rápidamente de durmiente en durmiente.

No quería que se le acabara la suela de sus usados huaraches en las filosas piedras que había entre los durmientes.

—Ay, Dios mío —dijo Juan mirando cómo pasaban los durmientes cubiertos de chapopote bajo sus pies—, ya sé que he pecado muchas veces antes, pero te juro que nunca pecaré de nuevo si me ayudas. Dame las alas de un ángel para poder volar y alcanzar ese tren. Recuerda que eres Todopoderoso y que puedes hacer lo que quieras. Además, no seré yo el único que sufra si me muero, Dios Amado. ¡También mi querida madre que te ama más que a la vida misma!

Y Juan sonrió cuando dijo esto mientras corría. Le gustaba cómo había añadido lo de su madre al final y esperaba que Dios se sintiera culpable y que le diera las alas de un ángel.

Pero las alas no llegaron, así que siguió corriendo, milla tras milla. Y se sorprendió cuando en vez de debilitarse, se puso más fuerte.

La mañana pasó y Juan se dio cuenta que los constructores del ferrocarril habían hecho trampa al poner los durmientes más separados. Juan pisaba

sobre las filosas piedras al no poder alcanzar los durmientes de madera mientras corría. Se deshicieron
los huaraches y dos veces tuvo que parar para par-
charlos con jirones de su camisa. Empezó a tener sed
y la lengua le parecía más pesada, pero no vio señales
de agua por ningún lado.

—Ay, Mamá —dijo mirando al gran sol blanco—,
¿qué he hecho? Hasta un hombre fuerte de Los Altos
no puede sobrevivir sin agua.

—Dios mío —dijo—, Señor y Amo de todos los cielos, perdóname pues soy un tonto. Sé que jugué y apos-
té cuando debía haber sido serio. Pero, bueno, si me
ayudas esta vez, Dios amado y me das las alas de. . .
mira, si te molesta hacerme ángel porque nunca he
sido muy bueno, qué tal las alas de un águila, y te
juro que nunca más voy a apostar ni a jugar cuando
deba tomar las cosas en serio.

Juan hablaba con Dios, el antiguo compañero que
le había ayudado toda su vida. Recorría más millas y
el sol se ponía más y más caliente. Pero en ningún
momento dejó de correr.

Era fuerte; se había criado en las montañas, a casi
seis mil pies de altura, y desde que tenía uso de razón
había corrido de sol a sol con su hermano Domingo y
sus primos, Basilio y Mateo correteando los lobos y
coyotes para que se alejaran de las manadas de
chivos.

Pero aquí en el valle hacía más calor. Juan sudaba
más de lo acostumbrado. El poderoso sol crecía más y
más y los insectos del alto desierto empezaron a chillar.
En una ocasión Juan creyó ver a la distancia un grupo
de árboles verdes. Pensó que era un abrevadero.

—Ay, gracias, Dios —dijo y la boca se le empezó a

hacer agua y se empezó a sentir mejor conforme se acercaba a los árboles.

Pero al llegar allí, vio que el abrevadero se había secado hacía mucho. Hasta en la sombra de los árboles la tierra parecía piel seca y muerta.

—¡Ay, Dios! —gritó—, ¿Por qué me haces esto?

Y se sintió morir de la sed que tenía. Pero recordó a su madre y cómo había perdido hijo tras hijo en la Revolución y se calmó. Tenía que ser fuerte para regresar con ella. Miró a su alrededor. Vio las pequeñas colinas rojas. Eran mucho más grandes ahora. Miró hacia atrás. La ciudad de León parecía una arruga en la distancia.

—Sí puedo alcanzarlo —dijo llenándose de valor—. Sé que puedo.

Descansó unos momentos a la sombra de los árboles junto con unas cuantas lagartijas y una serpiente de cascabel gorda y rojiza. Después se levantó y siguió corriendo, pero esta vez trotó muy despacio.

La cobija de los pobres, el sol, continuaba su recorrido por el alto y plano cielo y se puso tan caliente el día que el chapopote de los durmientes se derretía y se le pegaba a los huaraches. A la distancia las olas de calor parecían bailar y espejismos de enormes lagos azules brillaban por todos lados.

Juan tenía tanta sed que sintió que la lengua se le hacía de algodón y la visión se le nublaba. Finalmente empezó a caminar. Empezó a hablarse a sí mismo para no volverse loco. Recordó las historias que su madre le había contado de su abuelo, el gran don Pío y sus dos hermanos, Cristóbal y Agustín.

El tiempo pasaba y el ruido de los insectos se hacía más ensordecedor y el sol más caliente y Juan se concentraba en aquéllos días felices en Los Altos de Jalisco antes que llegara la Revolución. Sonrió sintiéndose bien al recordar lo verde y fresco de las praderas de su niñez. Sonrió y mientras trotaba pensó en los días de su niñez cuando él y su hermano jugaban con Basilio y Mateo, los hijos de su tío Cristóbal. Ay, esos eran los días felices. Cuando jugaba con esos enormes hombres que parecían indios y que eran aún más altos que su padre que era un hombre muy alto. Juan siguió corriendo. Tenían caras de indio de huesos grandes y dientes pequeños amarillos y ya tenían uso de razón cuando Juan empezó a jugar con ellos. Pero aún así, se portaban como niños, se negaban a dormir bajo techo y aún cuando hacía frío dormían bajo hojas de roble.

No querían entrar a la casa cuando llovía, pero les encantaba correr, bailar y gritar a los cielos cuando caía una tormenta. Desconocían la importancia del dinero o de la propiedad personal y regalarían cualquier cosa que se les pidiera. Nunca montaban caballos o burros, pero retaban a cualquier jinete a una carrera atravesando la pradera, pasando aquella cumbre, hasta aquella barranca distante. Casi siempre ganaban, hasta en contra de los caballos más rápidos porque conocían esas montañas como las palmas de sus manos. Y a pesar que mucha gente decía que eran como niños, todos sabían que no eran tontos.

Ay, se sentía bien ahora trotando a buen paso por la vía, pensando en sus dos primos gigantes. Y no, nunca se le olvidaría el día que sus primos se metieron a una cueva persiguiendo un armadillo donde hallaron un cofre de oro tan grande que un burro no lo podía cargar. Había sido un día maravilloso cuando llegaron con esa montaña de oro a casa de don Pío y su tío Cristóbal.

La suela de los huaraches de Juan había desaparecido. Las piedras se le atoraban en las correas de cuero. Sentado en un riel, Juan se quitó los huaraches y decidió que estaría mejor descalzo. Pero al caminar sobre los durmientes los pies se le pegaban al ardiente y medio derretido chapopote. Se dio cuenta que sería mejor caminar sobre las filosas piedras.

—Ay, Basilio —dijo en voz alta mientras cojeaba—, si sólo tú y Mateo estuvieran aquí ahora y me pusieran en los hombros y corrieran conmigo como hacían cuando era niño. —Los ojos se le llenaron de lágrimas—. Pero no se preocupen —dijo—, no me voy a dar por vencido, ¡su sangre es mi sangre!

Y al decir esto empezó a dar grandes zancadas de nuevo volando sobre las piedras con los pies descalzos. Casi podía oír a sus primos gigantescos a su lado. Se querían y siempre estarían en su corazón, dándole fuerza, dándole alas a sus pies. Siguió corriendo.

El sol avanzaba lentamente por el altísimo y ancho cielo y las pequeñas colinas rojas seguían danzando a la distancia entre las olas de calor. Juan recordó el día que su hermano Domingo había crecido tanto que pensó podía ganarles a Basilio y Mateo en una carrera. Los muchachos de todos los alrededores vinieron a ver. La carrera se llevaría a cabo en la pradera verde cerca de los tres lagos.

—Pero, espérate —dijo Basilio—. Yo ya no corro gratis. Todos los meses hay nuevos muchachos que nos quieren retar a mí y mi hermano. Nos tienes que pagar.

—¿Cuánto? —preguntó Domingo. Estaba entusiasmado. Realmente quería ganarles.

—Bueno, no sé —dijo Basilio con los ojos llenos de alegría—. Pero mi hermano y yo hablamos, y bueno, nos dimos cuenta que nunca hemos tenido suficientes cacahuates como para llenarnos la barriga. Así que nos gustaría un costal de cacahuates.

—¡Carajo! —dijo Domingo—, ¡eso costará una fortuna!

Basilio y Mateo se carcajearon. Pero Domingo quería correr, así que se robó un chivo de su padre y lo cambió por un costal de cacahuates de veinte kilos.

Las marcas se habían puesto, Domingo y los dos gigantes se pusieron en sus marcas, se dio la señal y salieron disparados. Y Domingo, ojiazul y pelirrojo como su padre salió como relámpago, descalzo y sin camisa. Los músculos de la espalda se le marcaban y sus piernas y brazos se movían tan rápido que se convirtieron en un movimiento borroso. Volaba flotando sobre el pequeño pasto verde de la pradera. Pero no tenía ninguna oportunidad de ganar porque cuando había corrido apenas diez yardas los dos gigantes lo pasaron, cada uno de ellos llevaba un becerro a la espalda como acostumbraban hacer cuando corrían contra otros seres humanos y no contra caballos. Brincaron sobre el pequeño muro de piedra al final de la pradera y empezaron a bailar con la alegría de niños.

¡Ah, qué buenos aquéllos tiempos! La cara de Domingo se había puesto tan roja como el sol del atardecer. Todos se rieron de él, pero tuvo que admitir que todavía le faltaba mucho para ganarles una carrera a los gigantes.

Basilio y Mateo habían compartido su costal de veinte kilos con todos. Había habido otras carreras entre los muchachos más jóvenes y después se habían comido los cacahuates con todo y cáscara para poder llenar sus hambrientos estómagos.

Juan siguió corriendo y se sentía cansado, agotado, exhausto. Pero nunca bajó el ritmo de su paso. Llevaba a su abuelo, don Pío, en el alma. Llevaba a sus primos Basilio y Mateo en las piernas. Y sus hermanos, Domingo y José estaban en su corazón. Y su madre —la mujer más grande del mundo— lo esperaba adelante. Siguió corriendo.

El sol estrellaba su calor sobre la tierra y el valle era plano y ancho y estaba lleno de matorrales secos y muertos. Se pasó la lengua por los labios pero se dio cuenta que no tenía saliva. Se paró, recogió una piedrita y la limpió. Se la puso en la boca para chuparla. Ah, no se le olvidaría tampoco que el día de la carrera habían comprado una canasta de naranjas y él había probado su primera naranja. Habían cortado una naranja en cuatro partes y había visto las deliciosas rebanadas, el jugo goteando, eran doradas, jugosas y dulces como la miel. Ese día se había comido tres grandes naranjas y se había sentido fuerte.

Mientras corría por el valle, todavía recordando la dulzura de esa naranja dorada, vio que ahora el sol empezaba a resbalarse por el altísimo y plano cielo.

Había corrido todo el día sin darse cuenta. El ojo de Dios se metía y las sombras largas y oscuras de la noche lo rodearon cuando llegó a las primeras colinas pequeñas. Había cruzado el valle con la ayuda de su familia: hombres y mujeres poderosos cuya creencia en Dios era tan fuerte que hacía la vida indestructible.

Se detuvo. Tenía los pies hinchados y ensangrentados. Se preguntó si no podría hallar agua en estas pequeñas colinas y pasar la noche allí antes de seguir.

Mirando hacia atrás se dio cuenta que debió haber estado subiendo por una hora. El largo y liso valle estaba debajo de él ahora. No había ni rastro de León, ni siquiera de sus edificios quemados y humeantes saqueados por los revolucionarios.

Se volteó y siguió, entre más caminaba las colinas se hacían más altas y la vegetación más espesa. Ahora había cactos que daban una sombra larga y matorrales espinosos y retorcidos que parecían arrastrarse. Juan se detuvo para buscar algún cacto para chupar. Pero él era de las montañas y no sabía qué cacto escoger. Se sentó para descansar. Sentía la boca tan seca que se ahogaba. Pero entonces vio a su madre con el ojo de la mente buscándolo con los ojos hinchados de llorar. Trató de ponerse de pie para seguir. Pero los pies le dolían tanto que no aguantaba tocar la tierra con ellos.

—Ay, Mamá —lloró—, ¡por favor, ayúdame! —Y continuó por la vía cayéndose, con los pies quemándole.

Al dar vuelta a un largo recodo de la vía vio algo que se movía delante de él en la poca luz del crepúsculo. Rápidamente agarró una piedra. Pensó que era un venado y que si tenía la oportunidad le daría con la piedra en la cabeza y después le rompería el pescuezo para poder chuparle la sangre y comer su carne. Pero cuando se acercó más a las piedras donde había visto el movimiento primero, no vio nada. Miró a todo su alrededor; pero no vio nada, excepto las largas, oscuras sombras y las últimas pequeñas venas de la luz crepuscular.

Empezaba a creer que todo había sido una equivocación y que no había visto nada, cuando de pronto, allí, cara a cara, a no más de veinte pies, entre dos pequeñas piedras, vio los grandes ojos redondos de un jaguar, sus manchas visibles en la poca claridad.

Juan se paralizó.

—Ay, Mamá, Mamá —se dijo a sí mismo perdiendo todo el valor mientras miraba los ojos del gran felino. Y quería darse vuelta y correr, pero la cola del gran felino se movía de un lado al otro como una culebra vertical que lo hipnotizaba.

El gran felino movió los pies, se agachó preparándose para saltar y Juan se dio cuenta que ésta era su última oportunidad de hacer algo. Pero tenía demasiado miedo. Entonces Juan escuchó la voz de su madre dentro de él que le decía, —¡Atácalo, mi'jito, no corras! ¡Atácalo! ¡O te matará!

Se oyó decir, —Sí, Mamá —y soltó un rugido clamoroso con toda la fuerza que tenía y se fue sobre el tigre del desierto.

El tigre manchado oyó el poderoso rugido de Juan y lo vio venir hacia él en saltos agigantados. El gran animal también saltó rugiendo con terribles alaridos. Pero entonces se dio vuelta y corrió. Juan se paró inmediatamente, se dio vuelta y salió disparado por la vía del tren a todo lo que daban sus piernas. El gran felino del desierto nunca volteó. Siguió corriendo en dirección opuesta.

Ya no le dolían los pies y siguió corriendo por la vía sin disminuir el paso hasta que el sol se metió y la luna salió. Toda la noche caminó y corrió hasta que salió al otro lado de las pequeñas colinas rojas y las estrellas tempraneras lo acompañaban. Corrió sin parar, sin importarle cuánto le dolían los hinchados y sangrientos pies o cuánto le dolían las punzadas de la cabeza hasta que, a lo lejos, en el oscuro amanecer, creyó ver las lucecitas parpadeantes de cien fogatas. Disminuyó la velocidad, recobró el aliento, y pudo oír a gente que hablaba. Al llegar escuchó cuidadosamente y más adelante, en medio del terreno plano, vio el tren —el tren que había seguido todo este tiempo. Empezó a lloriquear; lo había logrado; había alcanzado al tren. Iba a poder hallar a su mamá y a su familia y no iba a quedarse perdido por siempre. Pero al acercarse a las fogatas sintió una furia rara dentro de él. Así que le dio vuelta al campamento, cauteloso como coyote, desconfiado como un cervatillo para asegurarse que en realidad era su gente y no unos bandidos.

Uno de los muchachos que había corrido con él lo vio venir.

—¡Dios mío! —dijo el sorprendido muchacho—. ¿Te viniste a pie todo el camino?

Pero Juan no podía oír al muchacho y mucho menos verlo. Juan ya no era Juan. Estaba pálido como un fantasma. Tenía la cara, el cuello, los hombros blancos del sudor salado que se le había secado en la piel. Se caía, tropezaba, luchaba por respirar, lloraba, cuando llegó a las fogatas con los labios blancos y los ojos desencajados.

—Tu mamá —dijo el muchacho—, dijo que nos alcanzarías. Anoche le dijo a mi padre que tú . . .

Pero Juan no le prestó atención al muchacho, simplemente siguió caminando hacia las fogatas frente a él. Las pequeñas llamas lo habían hipnotizado. Era un muerto en vida. Había estado corriendo semiconsciente desde que había huido aterrorizado del tigre manchado del desierto.

Un hombre volteó y vio a Juan y brincó agarrándolo de las axilas justo antes que cayera de cara sobre una fogata.

Pero aún así los pies de Juan seguían moviéndose. No podía parar. Tenía que pasar esas pequeñas colinas de fuego para llegar hasta su madre, el amor de su vida, el único ser que le daba valor a su existencia.

Nota del autor

Venía manejando de regreso del Distrito Federal con mi padre cuando me contó esta historia por enésima vez. Yo tenía veinte años, estaba en excelente condición física, podía correr el maratón tranquilamente, pero aún así jamás pudiera haber logrado esta hazaña. Mi padre me aseguraba una y otra vez que era la pura verdad y que lo había hecho siendo apenas un niñito.

—Mira, cuando te empuja el miedo —dijo mi padre—, y el amor te jala, eres capaz de hacer cosas increíbles. Tienes que entender que yo quería a mi madre más que a la vida misma. Estoy seguro que morí varias veces ese día, pero sobreviví a la muerte misma. Y eso lo puede hacer cualquier ser humano cuando tiene tanto amor.

—El odio me ha dado fuerza muchas veces en mi vida, pero nada comparado con el amor. El amor es el poder más grande que tenemos los humanos. Y también entiende, mi'jito, que en aquélla época caminábamos y corríamos adonde quiera que fuéramos. Los niños no teníamos caballos. Teníamos pies que eran tan fuertes como clavos. Así que sí fue una gran hazaña, pero no tan grande cuando consideras lo fuerte que éramos todos entonces y el gran amor que sentía por mi madre.

Mi padre y yo manejamos por todo ese terreno al norte de León y descubrimos que la distancia que

175

había corrido debía haber sido superior a las cien millas, y lo había hecho sin agua y sin comida. Dios mío, sabía en el fondo del corazón que tenía razón. Ningún soldado o gran atleta hubiera logrado esa hazaña. Fue un niño común y corriente con el corazón lleno de amor que logró lo imposible. Porque, después de todo, somos nosotros, la gente ordinaria, el verdadero poder aquí en la tierra cuando sentimos amor en el corazón y magia en el alma.